U0731982

自媒体环境下我国高校意识形态建设研究

陈嘉迪　著

郑州大学出版社

图书在版编目(CIP)数据

自媒体环境下我国高校意识形态建设研究／陈嘉迪著. -- 郑州：郑州大学出版社，2025. 6. -- ISBN 978-7-5773-1061-9

Ⅰ. G641

中国国家版本馆 CIP 数据核字第 2025R2T450 号

自媒体环境下我国高校意识形态建设研究

ZIMEITI HUANJING XIA WOGUO GAOXIAO YISHI XINGTAI JIANSHE YANJIU

策划编辑	钟科代		封面设计	苏永生
责任编辑	钟科代　马云飞		版式设计	苏永生
责任校对	樊建伟		责任监制	朱亚君

出版发行	郑州大学出版社	地　址	河南省郑州市高新技术开发区
经　销	全国新华书店		长椿路 11 号(450001)
发行电话	0371-66966070	网　址	http://www.zzup.cn
印　刷	郑州宁昌印务有限公司		
开　本	710 mm×1 010 mm　1 / 16		
印　张	10. 25	字　数	149 千字
版　次	2025 年 6 月第 1 版	印　次	2025 年 6 月第 1 次印刷

书　号	ISBN 978-7-5773-1061-9	定　价	58. 00 元

前　言

马克思主义是我们立党立国的根本指导思想,是我们党的灵魂和旗帜。我们要坚持马克思主义在意识形态领域的指导地位,建设具有强大凝聚力和引领力的社会主义意识形态。高校作为传播理想信念、价值理念、道德观念的重要场所,是党的意识形态建设的前沿阵地。随着自媒体技术与各类自媒体应用程序的成熟与普及,自媒体对高校意识形态建设的内容、渠道、环境、队伍等都产生了深刻影响,既为高校意识形态建设提供了新平台、新载体、新手段,也不可避免地带来了许多冲击与挑战。在此情况下,如何充分发挥自媒体的优势,使自媒体成为高校意识形态建设的有益助力,同时有效化解自媒体带来的风险与挑战,就成为高校意识形态建设的重要任务。

"自媒体"属于舶来词,其内涵与外延从不同视角出发均有不同界定,其基本含义是在数字技术、网络技术、移动通信技术和卫星技术发展的前提下,由个体网民自由建立、自主发布、自我管理,崇尚自由、独立和创新精神的新的媒介形式。意识形态是一个复合型概念,其中马克思主义作为指导思想是我国主流意识形态的核心。我国高校意识形态的战略目标是,维护高校意识形态安全,提升高校主流意识形态话语权,加强党对高校意识形态工作的领导。

自媒体作为意识形态传播的新媒介已与当代大学生的学习和生活深度融合,自媒体环境下如何加强我国高校意识形态建设是我们面临的新课题。这就需要根据自媒体环境下意识形态传播的新规律和新特点,从我国高校意识形态的建设内容、建设渠道、建设环境、建设队伍等方面入手,具体分析自媒体对高校意识形态建设的积极影响与消极影响,努力探索在自媒体环境下如何加强高校意识形态建设、保障国家意识形态安全、培育和践行社会主义核心价值观、抵制错误社会思潮、营造风清气正的校园文化环境、培养中国特色社会主义建设人才等重大问题,更好地完成高校立德树人的根本任务。

通过问卷调查与走访座谈发现,自媒体环境下我国高校意识形态建设的内容得到不断充实,但与技术手段迭代更新的速度相比仍显滞后;自媒体拓宽了高校意识形态建设的渠道，提供了新手段和新方法，但利用效率远未达到应有状态；意识形态建设环境更加复杂，对建设人才和队伍的要求更高，但人才和队伍状况还不能满足需要。造成这些问题的主要原因是社会急剧转型冲击了社会主义主流意识形态的主导地位，全球化加剧了我国高校意识形态建设环境的复杂性，工作队伍建设的滞后给非主流意识形态提供了活动空间，高校自媒体环境下工作配套措施不完备影响意识形态的建设效果。

自媒体环境下高校意识形态建设应突出"目标—原则—内容—渠道—环境—队伍"六个着力点：第一，明确工作目标，牢牢掌握党对高校意识形态建设的领导权、管理权和话语权；第二，坚持掌握意识形态工作领导权与借鉴先进经验相结合，意识形态教育的内容为本与形式创新相结合，意识形态建设的传统方法与自媒体使用相结合的原则；第三，改进和创新自媒体环境下我国高校意识形态建设内容，巩固马克思主义在意识形态领域的指导地位，以社会主义核心价值观统领高校意识形态建设，用中华优秀传统文化滋养高校意识形态建设；第四，拓宽自媒体环境下我国高校意识形态建设渠道，发挥高校思想政治理论课的主渠道作用，坚持高校意识形态建设线上线下双轨并行，推进高校思政课在自媒体平台的推广传播，积极打造运营高校主流自媒体品牌；第五，优化自媒体环境下我国高校意识形态建设环境，打造优良的校风学风，培育积极向上的文化氛围，清理网络噪声杂音，净化高校的网络舆论环境，抵制社会不良思潮，营造健康文明的社会氛围；第六，打造立场坚定、能力过硬、道德高尚的高校意识形态建设队伍，强化高校意识形态建设队伍"三重认同"，引导高校思政课教师实现教书和育人相统一。这六个方面，"六位一体"统筹推进，是在自媒体环境下加强高校意识形态建设的有效路径。

著　者
2025 年 3 月

目　录

第三章 自媒体环境下我国高校意识形态建设现状调查与分析

绪 论

"任何真正的哲学都是自己时代的精神上的精华"①,意识形态理论从来都不是纯粹精神的自我运动,我国高校意识形态建设必然要立足于现实的经济基础、社会结构以及时代背景。随着中国特色社会主义进入新时代,世情、国情以及校情都发生了深刻变化,特别是面对自媒体环境所带来的新问题、新挑战、新任务,探索新的历史条件下我国高校意识形态建设路径,不仅是提升工作实效性的必然选择,更是时代赋予高校意识形态建设的崭新课题。

第一节 研究背景及意义

一、研究背景

(一)党和国家高度重视意识形态工作

意识形态工作是为国家立心、为民族立魂的工作。作为思想上层建筑,意识形态具有鲜明的阶级性、系统的理论性以及强烈的实践性等特征,它不仅是实现国家利益的重要手段,也是维护国家安全的重要屏障。习近平总书记在 2013 年全国宣传思想工作会议上强调,"意识形态工作是党的一项

---

① 《马克思恩格斯全集》第 1 卷,人民出版社,1995,第 220 页。

极端重要的工作"①。2015 年 10 月,党的十八届五中全会审议通过的"十三五"规划建议明确提出:"加强网上思想文化阵地建设""推动传统媒体和新兴媒体融合发展""优化媒体结构,规范传播秩序""高度重视做好意识形态领域工作,切实维护意识形态安全"②。2016 年习近平总书记在党的新闻舆论工作座谈会上强调"主动借助新媒体传播优势"。2017 年习近平总书记在党的十九大报告中指出:"意识形态决定文化前进方向和发展道路。必须推进马克思主义中国化时代化大众化,建设具有强大凝聚力和引领力的社会主义意识形态,使全体人民在理想信念、价值理念、道德观念上紧紧团结在一起。"③在 2019 年党的十九届四中全会上,习近平总书记再次强调要"坚持马克思主义在意识形态领域指导地位的根本制度"④。正是由于以习近平同志为核心的党中央高度重视和不断加强意识形态工作,我国"意识形态领域形势发生全局性、根本性转变"⑤。历史和现实反复证明意识形态工作在社会发展中具有重要作用,是实现中华民族伟大复兴中国梦的前提和保障。

(二)高校意识形态建设问题尤为重要

作为国内外各种思想观点交流、交融、交锋的桥头堡,高校一直是我国社会主义主流意识形态建设的主阵地、主战场。随着时代环境的不断变化,高校意识形态建设工作越来越重要,也越来越紧迫,受到党和国家的高度重视。2015 年中共中央办公厅、国务院办公厅印发的《关于进一步加强和改进新形势下高校宣传思想工作的意见》强调,要使社会主义核心价值观"内化

---

① 《习近平在全国宣传思想工作会议上强调　胸怀大局把握大势着眼大事　努力把宣传思想工作做得更好》,《人民日报》2013 年 8 月 21 日,第 1 版。

② 《中共中央关于制定国民经济和社会发展第十三个五年规划的建议》,《人民日报》2015 年 11 月 4 日,第 1 版。

③ 习近平:《决胜全面建成小康社会　夺取新时代中国特色社会主义伟大胜利》,人民出版社,2017,第 36 页。

④ 《十九大以来重要文献选编(中)》,中央文献出版社,2021,第 306 页。

⑤ 习近平:《高举中国特色社会主义伟大旗帜　为全面建设社会主义现代化国家而团结奋斗——在中国共产党第二十次全国代表大会上的报告》,人民出版社,2022,第 10 页。

于心,外化于行"。习近平总书记在 2016 年年底的全国高校思想政治工作会议上强调要遵循思想政治工作规律,遵循教书育人规律,遵循学生成长规律,不断提高工作能力和水平。习近平总书记在 2018 年全国教育大会上明确指出:"我们的教育必须把培养社会主义建设者和接班人作为根本任务,培养一代又一代拥护中国共产党领导和我国社会主义制度、立志为中国特色社会主义奋斗终身的有用人才。"①这为我国高校培养什么人、为谁培养人、怎样培养人指明了根本方向。但目前我国高校的意识形态建设工作却不容乐观:一方面,高校学生正处于世界观、人生观、价值观的形成阶段,极易受到打着"自由主义""普世价值"旗号的意识形态渗透与迷惑;另一方面,微博、抖音等自媒体平台兴起并已成为大学生获取信息、学习娱乐、交友沟通的主要渠道,深刻影响着当代大学生的学习方式与表达方式。同时,自媒体平台上良莠不齐的内容与监管缺失的漏洞也为西方反华势力提供了意识形态渗透的新途径。高校担负着培养社会主义合格建设者和可靠接班人的光荣使命,是意识形态工作的前沿阵地,必须牢牢把握意识形态工作的领导权、管理权和话语权,因此,必须重视虚拟空间中没有硝烟的意识形态"战争"。

(三)自媒体对我国高校意识形态建设具有重要影响

自媒体的出现极大地改变了人们的生活方式和生产方式,也改变了信息的生成方式和传播方式,更改变了人们的接收方式与认同方式。以互联网技术为支撑的自媒体全面渗透进当代人的日常生活之中,对全世界政治、经济、文化格局的调整演变和全球化、信息化、现代化发展历程产生深刻影响。在十九届中央政治局第十二次集体学习时,习近平总书记指出:"全媒体不断发展,出现了全程媒体、全息媒体、全员媒体、全效媒体,信息无处不在、无所不及、无人不用,导致舆论生态、媒体格局、传播方式发生深刻变化,新闻舆论工作面临新的挑战。"可见,以互联网技术为基础,以新兴媒体为中

① 习近平:《习近平谈治国理政(第三卷)》,外文出版社,2020,第 348 页。

介的传播格局正在形成,并不断影响人们的生活方式和生产方式。其中,自媒体是新兴媒体中最重要的组成部分。自媒体又称公民媒体,美国新闻学会媒体中心于2003年7月出版了由谢因波曼与克里斯威理斯两位学者联合提出的"We-Media"(自媒体)研究报告,他们给自媒体下了一个十分严谨的定义,即:自媒体是普通大众经由数字科技强化,与全球知识体系相连之后,一种开始理解普通大众如何提供与分享他们本身的事实、他们本身的新闻的途径。随着智能手机的普及,微博和微信自媒体平台迅速占据优势。以微博为例,国内主流的新浪微博2020年日均活跃人数已达5.5亿,而微信上的自媒体"公众号"崛起更是对传统媒体形态的又一次挑战。作为一种信息传播的新平台,自媒体已渐渐成为大学生交流和获取信息资源的主要渠道。但通过自媒体传播的信息往往具有速度快、良莠不齐、真假难辨的特征,极易被一些不法分子利用,西方资本主义国家利用自媒体对我国进行"和平演变"、国内非马克思主义思潮、复杂的网络与社会环境等也都给高校意识形态安全造成了很大的冲击,探索新形势下高校意识形态建设的应对方案刻不容缓。

　　21世纪以来,移动互联网技术日新月异,智能手机、平板电脑等移动智能终端普及率不断提升。调查显示,截至2024年年底,中国网民规模达11.08亿,互联网普及率为78.6%,其中我国手机网民规模达11.05亿,占总网民规模的99.7%。20~29岁年龄段网民占比达13.1%。[①] 以微信、微博、短视频平台等为代表的自媒体平台不断发展壮大,日益融入高校大学生的学习和生活。截至2024年12月,中国网民中有10.40亿短视频用户,占总网民比例的93.8%。随着自媒体的普及,当代大学生越来越习惯于通过这些移动智能终端,在自媒体平台上接受信息、发表意见、沟通交流。自媒体的大众化、即时性、便捷性、互动性等特点,以及感性化、娱乐化的传播风格

---

① 第55次《中国互联网络发展状况统计报告》,https://www.cnnic.net.cn/n4/2025/0117/c88-11229.html。

进一步扩大了意识形态工作参与的广泛性,但也伴随着各种错误思想和言论的"泥沙俱下",伴随着部分信息的庸俗化、低俗化和媚俗化。如何有效应对自媒体环境下社会主义意识形态建设面临的威胁和挑战,不断提升意识形态工作的时代性和实效性是高校面临的一项重要研究课题。

在上述背景下,通过深入分析自媒体环境对高校意识形态建设的积极影响与消极影响,厘清自媒体环境下我国高校意识形态建设的现状与成因,提出加强高校意识形态建设的实践路径,对增强主流意识形态对青年学子的影响力、感召力和凝聚力,提高师生对主流意识形态的认知、认同与践行能力具有重要研究价值。

二、研究意义

(一)理论意义

1. 丰富和发展了自媒体环境下高校意识形态建设方法论研究

通过对自媒体的属性与意识形态建设需求的契合性研究,在分析高校意识形态建设现状和成因的基础上,探索自媒体环境下高校意识形态建设的对策与路径,从而形成较为系统的理论,弥补学界对该问题研究上的不足。自媒体的自主性强、他控性弱,时效性强、真实性弱,娱乐性强、价值性弱,操作性强、兼容性弱的特点对我国高校意识形态安全提出了严峻考验。但同时自媒体促进政治参与和社会动员的功能又给新时代意识形态传播与认同带来一定的积极影响。本研究不仅从马克思主义理论视角出发,更融合了传播学、政治学、社会学等相关理论,弥补了学界在该问题研究上的不足,使我国高校意识形态建设工作形成较为完善的系统。

2. 补充并完善了自媒体环境下马克思主义意识形态建设理论研究

高校意识形态建设是我国主流意识形态建设的重要组成部分,其本身也是一个完整系统的理论。互联网的飞速普及使意识形态传播模式已由传统的纸媒传播、电媒传播到现在的网媒传播,受众的认知与认同模式更随之改变。西方敌对势力在自媒体中以更加隐蔽的形式进行意识形态渗透,在虚拟化的自媒体环境下,意识形态领域的问题更加复杂,青年学生能否坚持社会主义意识形态不动摇是高校意识形态建设的重中之重。如何进一步巩固虚拟世界的意识形态领导权、掌握虚拟世界的意识形态话语权、发挥虚拟世界的意识形态管理权,是自媒体环境下对马克思主义意识形态理论的新要求。本书正是在新的历史条件下对高校意识形态建设出现的新问题进行新的理论解读,具有重要的理论意义。

3. 客观上促进了意识形态研究与高校立德树人的相互配合

自媒体环境下高校意识形态建设一定程度上也整合了自媒体环境下高校思想政治教育的理论资源。高校以实现立德树人为根本目的,思想政治教育是指让学生在主流意识形态的指导下形成科学的政治意识与价值规范,并内化于心、外化于行。巩固高校主流意识形态建设不仅为思想政治教育提供了良好的校园环境,也为自媒体环境下思想政治教育提供新的路径选择。同时,立德树人成效是高校主流意识形态建设的重要标准,思想政治理论课作为立德树人的关键课程在巩固高校意识形态建设的主体基础方面也克服了不少自媒体环境给高校意识形态建设带来的现实困境。在这种双向互动中,本书既充实了自媒体环境下高校意识形态建设理论研究,又丰富了思想政治学科建设,为其时代性发展提供理论上的指导。

(二)现实意义

1. 保障国家意识形态安全,营造高校良好的思想环境

大学生是国家的未来、民族的希望,是全面推进中国特色社会主义伟大事业和实现中华民族伟大复兴的中国梦的主要力量。习近平总书记强调:"青年的价值取向决定了未来整个社会的价值取向。"①高校肩负着立德树人的重要使命,因此保障国家意识形态安全,营造高校良好的思想环境必须重

---

① 习近平:《习近平谈治国理政》,外文出版社,2014,第172页。

视和加强自媒体环境下高校意识形态建设。

2. 掌握高校意识形态工作主导权，为维护高校意识形态安全提供智力支持

自媒体与政治、经济、文化等紧密相关，自媒体中信息密集，良莠不齐、泥沙俱下的信息洪流中必然隐含着各种思潮及价值观念，而大学生群体是最容易受自媒体影响的群体，因此，自媒体环境下探究高校社会主义意识形态建设路径，对于坚定马克思主义在我国主流意识形态中的主导地位有着重要意义。本书对掌握自媒体环境下的高校意识形态工作主导权、维护高校意识形态安全进行理论探索与现实指导，有助于抢占虚拟世界的意识形态阵地。

3. 增强中国特色社会主义文化自信，助力学生健康成长

加强高校意识形态建设，有助于引导大学生树立正确的世界观、人生观和价值观，从而增强文化自信，助力学生健康成长。大学生富有激情，有强烈的爱国意识，但也容易冲动，辨识能力较弱，易于被披着"自由""民主"外衣的思潮所蛊惑。要创建风清气正的高校校园环境，必须重视对学生的思想引导，预防一些社会问题通过自媒体放大，并引起严重的后果。对我国主流意识形态概念的探究，有助于高校学生保持清醒的政治头脑。在应对自媒体环境下高校学生意识形态问题时，加强社会主义核心价值观进校园是非常有效的措施之一，有助于高校社会主义核心价值观教育工作深入推进。

第二节　国内外研究现状

一、国内研究现状

本书的研究对象为高校意识形态建设，具体探讨自媒体环境给我国高校意识形态建设带来的积极影响与消极影响、自媒体环境下我国高校意识

形态建设的现状与成因以及路径和方法等问题。国内关于自媒体的概念、种类、特征与高校意识形态建设相结合的研究还处于起步阶段,直接相关的研究成果并不多,诸如"新媒体""全媒体"等研究亦有一定的参考价值。

(一)自媒体相关研究

学界关于自媒体的研究起步较晚,但近年来不断丰富。从 CNKI 上检索的资料来看,吴晓明(2005)较早在论文《对自媒体平台上的新闻传播理论的考察》中提出自媒体的概念,近三年来自媒体相关研究持续受到广泛关注,相关文献分别有 2455 篇(2022 年)、2258 篇(2023 年)、1494 篇(2024 年)。通过梳理相关成果,本书从自媒体的定义、表现形式以及特点三个方面展开文献的分类综述。

1. 关于自媒体的定义

国内就"自媒体"的定义还没有一个确切的定论,大多数学者将自媒体定义为网民自主发布信息的互联网平台。彭小毛提出自媒体是以个人为信息发布主体,以分享为信息发布目的,以互联网或移动互联网为信息传播平台,以个人电脑和手机作为信息发送和接收终端的新型数字媒体①,自媒体与传统媒体的区别在于主体是个人还是组织。张彬同样提出利用以博客为代表的网络新技术进行自主信息发布的那些个体传播主体即为自媒体。②汤雪梅在其博士学位论文中则认为自媒体是民众发布和共享自身新闻、事件的一种媒体。③有学者认为自媒体为个体的信息生产、积累、共享、传播提供了空间,传播可面向多数人,信息内容兼具公开性和私密性。

2. 关于自媒体的表现形式

梳理国内自媒体研究,可知自媒体最早起源于互联网上的交流平台,用

① 彭小毛:《自媒体时代及其舆情应对》,《中国广播电视学刊》2013 年第 8 期,第 59 页。
② 张彬:《对"自媒体"的概念界定及思考》,《今传媒》2008 年第 8 期,第 76-77 页。
③ 汤雪梅:《Web2.0:自媒体范式研究》,博士学位论文,中国人民大学,2012 年,第 15-16 页。

户可以在这类平台中发布信息、发表观点并相互交流。随后类似 Facebook、Twitter 等自媒体平台的博客、微博逐渐成熟起来,而如今则是以短视频平台为代表的新兴自媒体平台发展得如火如荼,正如陈琦认为的"这些自媒体平台的出现标志着自媒体时代的到来以及对传统媒体信息传播模式的颠覆"①。彭小毛也认为"国内外最具有代表性的自媒体是美国的脸谱(Facebook)、推特(Twitter)和中国的新浪微博"②。同时,以即时通信功能为主导的自媒体微信(WeChat),在学界同样引起了广泛关注,涉及微信朋友圈、微信阅读、微信公众号等多个方面。随着直播与短视频行业日渐火爆,越来越多的学者开始关注自媒体对日常生活的影响,并从传播学、社会学、经济学等角度提出自己的观点。

3. 关于自媒体的特点

自媒体发展有其存在的必然性,不仅仅是互联网技术和移动终端技术发展的原因,还有自媒体本身的特点符合当代人接受信息的审美偏好。自媒体在不到二十年的时间内迅速蔓延,正是通过其独有的信息传播方式。其中如平民化、个性化,门槛低、运作简单,交互性强、传播迅速,良莠不齐、可信度低等特点基本上已经得到了学界的广泛认可。国内关于自媒体特点的研究主要集中在三个方面:首先是门槛低、传播面广。雷涛认为,智能移动终端作为自媒体的新载体,使大众实现了无论何时、何地、何内容,任何联系人与被联系人之间的信息互递,越来越多的人加入自媒体的阵容,人人都是记者和信息传播者。③ 徐骏、祝晓辉同样认为自媒体使主体的角色多样化,不再是单纯的参与者,还可以是传播者、制造者、参与建设者等多重身

---

① 陈琦:《自媒体时代我国公民新闻的建构》,《新闻界》2014 年第 3 期,第 70—74 页。
② 彭小毛:《自媒体时代及其舆情应对》,《中国广播电视学刊》2013 年第 8 期,第 59 页。
③ 雷涛:《自媒体的特点及其影响分析》,《新闻战线》2016 年第 12 期,第 141—142 页。

份,构成了一批独具特色的大众传播者群体。① 其次是信息密度大、可信程度低。陈喻、徐君康提出自媒体由于操作、审核简单,成为网络谣言的产出中心。② 徐骏、祝晓辉也认为海量化的信息内容不可避免导致"泥沙俱下、良莠不齐"现象的发生,这些信息稍加润色就能成为博人眼球的新闻。③ 最后是互动性强、监管难度大。雷涛认为,传统媒体主要为单向传播,受众被动接收信息,缺乏交流和反馈。而自媒体具有很强的交互性,并能及时进行互动。④ 当然这也是自媒体中信息可信程度低的原因所在,所有人都能在不加监管的前提下发布内容。⑤

（二）自媒体环境下我国高校意识形态建设研究

梳理现有相关文献,发现学者们的研究主要围绕自媒体环境下我国高校意识形态建设的机遇与挑战、问题及成因、路径与方法等三个方面。

1. 关于自媒体环境下我国高校意识形态建设的机遇与挑战

自媒体改变了高校意识形态教育方式、传播方式、认同方式,为高校意识形态建设带来机遇的同时,也带来不少挑战。聂智、方提认为自媒体解构了大学生主流意识形态观念,导致主流意识形态话语权分散。⑥ 李长斗提出自媒体发展态势会对社会主义意识形态形成一定冲击,主要包括西方国家意识形态渗透;社会思潮多样化冲击社会主义意识形态核心地位;互联网信

① 徐骏、祝晓辉:《论自媒体时代高校网络媒介素养教育的发展》,《中国广播电视学刊》2013 年第 12 期,第 56-58 页。
② 陈喻、徐君康:《自媒体时代网络谣言传播探析》,《新闻界》2013 年第 15 期,第 50-53 页。
③ 徐骏、祝晓辉:《论自媒体时代高校网络媒介素养教育的发展》,《中国广播电视学刊》2013 年第 12 期,第 56-58 页。
④ 雷涛:《自媒体的特点及其影响分析》,《新闻战线》2016 年第 12 期,第 141-142 页。
⑤ 孙达:《自媒体时代再论纸媒公信力》,《新闻传播》2016 年第 1 期,第 32 页。
⑥ 聂智、方提:《论自媒体时代大学生主流意识形态教育面临的挑战与创新》,《思想政治教育研究》2016 年第 9 期,第 133-135 页。

息泛滥消解社会主义意识形态主导力。① 顾晓静、王苑认为自媒体更有利于西方国家对我国进行文化渗透,高校自媒体阵地建设薄弱会对大学生造成身心伤害。② 何家旭提出自媒体环境下我国主流意识形态的权威性受很大影响,同时自媒体也会放大负面消息对主流意识形态认同感的削弱。③ 丁贞栋从方法困境、文化困境、思维困境、话语困境四个方面剖析新媒体对马克思主义理论教育带来的挑战。④ 闫方洁从话语权力的分散对主流意识形态的统一性与权威性的影响、网状信息传播结构对意见的分享与聚集的影响、信息内容的平面化对意识形态的宏大叙事的影响、碎片化的受众对意识形态工作的影响等方面分析了原因。⑤ 王永友、宋斌则从自媒体信息的多样化、自媒体风尚的娱乐化、自媒体用户的多元化、自媒体话语的生活化等方面进行了分析。⑥

挑战与机遇并存,自媒体为大学生意识形态建设带来挑战的同时,也给其带来了众多机遇。庞娟认为自媒体充实了大学生思想政治教育的内容,扩大了大学生思想政治教育的主体,教师利用自媒体技术更加容易获得个体学生的动态和信息,获得和学生更多的互动机会⑦,这些都是自媒体给高校意识形态建设带来的机遇。何家旭等亦认为自媒体为主流意识形态的传

---

① 李长斗:《互联网发展新态势下我国社会主义意识形态建设研究》,博士学位论文,河北师范大学,2019 年。

② 顾晓静、王苑:《自媒体环境下巩固马克思主义在高校意识形态领域的指导地位》,《华北水利水电大学学报》2014 年第 4 期,第 44−48 页。

③ 何家旭:《自媒体时代下主流意识形态传播的挑战与机遇》,《东方企业文化》2015 年第 9 期,第 42−44 页。

④ 丁贞栋:《新媒体融入高校马克思主义理论教育研究》,博士学位论文,中央财经大学,2019 年。

⑤ 闫方洁:《自媒体时代大学生的媒介话语机制解析》,《思想理论教育》2015 年第 4 期,第 78−82 页。

⑥ 王永友、宋斌:《论自媒体时代的意识形态传播》,《重庆邮电大学学报》2016 年第 1 期,第 66−71 页。

⑦ 庞娟:《新媒体时代大学生思想政治教育创新研究》,博士学位论文,山西大学,2019 年。

播开辟了一条新途径①,同时,代玉梅认为自媒体为主流意识形态的传播提供了大量的资源,提升了马克思主义意识形态的魅力②。还有学者认为自媒体增强了意识形态传播的领导力、吸引力、渗透力、亲和力。顾晓静、王苑则提出自媒体为高校意识形态建设拓展了新平台,增强了普通人对信息接受的自发性主动性。③

2. 关于自媒体环境下我国高校意识形态建设的问题及成因

朱丽指出自媒体本身就具有意识形态属性,自媒体以其特有的传播方式,在提高高校意识形态传播的便捷性、增强教育的针对性、拓展教育的发展平台、优化教育的功能等方面为高校意识形态教育提供了发展契机,同时随着自媒体传播影响的不断扩大,教育实施者主导地位被弱化、受教育者对主流意识形态的淡化、教育环境的复杂化以及教育监管评价体系的滞后性,使高校意识形态教育的发展面临着诸多的困境。④ 陈志勇提出自媒体环境下高校社会主义意识形态话语体系建构面临的话语主体作用有待凸显、话语载体融合有待推进、话语方式创新有待加强、话语保障力度有待提高等实然困境。⑤ 梁广霞通过问卷调查分析得出当前高校主流意识形态话语主体的主导权面临被消解的挑战、话语内容的解释权面临被解构的挑战、话语平台的掌控权面临被削弱的挑战,论述了自媒体视域下高校主流意识形态话语权建设的原则及路径,提出要遵循主导性与多样性相结合、建设性与批判

---

① 何家旭:《自媒体是当下主流意识形态传播的挑战与机遇》,《东方企业文化》2015 年第 5 期,第 353 页。

② 代玉梅:《自媒体的传播学解读》,《新闻与传播研究》2011 年第 5 期,第 4–11 页。

③ 顾晓静、王苑:《自媒体环境下巩固马克思主义在高校意识形态领域的指导地位》,《华北水利水电大学学报》2014 年第 4 期,第 44–48 页。

④ 朱丽:《自媒体时代加强高校意识形态教育路径研究》,《河池学院学报》2018 年第 3 期,第 114–119 页。

⑤ 陈志勇:《自媒体环境下高校社会主义意识形态话语体系建构》,《思想理论教育导刊》2019 年第 12 期,第 77–80 页。

性相结合以及疏导性与监管性相结合的原则。① 陈丽荣总结出当前自媒体时代大学生对社会主义意识形态认同存在认同内容准确性不够、认同态度主动性不够、情感认同稳定性不够、知行认同一致性不够等问题,并分析了产生问题的原因。② 高明明指出新媒体为社会主义意识形态的传播提供了便利,增强了社会主义意识形态的号召力,推动了社会主义意识形态的创新与发展。但同时新媒体多元化的特点严重冲击了社会主义意识形态的主导地位,增加了引导大众思想的难度。他提出面对新时代的到来,要更好地利用新媒体时代特点去加强社会主义意识形态建设工作。③ 孙蓓蓓提出自媒体的开放性和自主性、信息的海量化和碎片化以及多元化的特征是解构高校主流意识形态话语权,削弱其影响力和凝聚力的主要原因。④

3. 关于自媒体环境下我国高校意识形态建设的出路与方法

关于自媒体环境下高校意识形态建设,学界有些基本共识,例如必须坚持和巩固马克思主义在高校意识形态领域的指导地位,以及积极融入和践行社会主义核心价值观是抵御意识形态渗透的重要方法。李志提出了新媒体视角下的高校宣传思想工作创新要遵循兼容并蓄和旗帜鲜明相统一、正面宣传和立德树人相融合、实事求是和与时俱进相促进、多维互动和师生为本相协调等原则⑤,这样才有利于营造风清气正的校园环境。李春茹、龚锦涛提出自媒体环境下要"通过强化主导辐射意识,提升意识形态话语效力和吸引力,增强高校宣传思想工作制胜本领,加强大学生网络意识形态主体意

---

① 梁广霞:《自媒体视域下高校主流意识形态话语权建设研究》,博士学位论文,北京交通大学,2017 年。

② 陈丽荣:《自媒体时代大学生社会主义意识形态认同研究》,博士学位论文,湖南师范大学,2019 年。

③ 高明明:《新媒体时代社会主义意识形态建设研究》,硕士学位论文,东北石油大学,2017 年。

④ 孙蓓蓓:《自媒体时代高校主流意识形态话语权建设研究》,《教育教学论坛》2020 年第 48 期,第 340-342 页。

⑤ 李志:《新媒体视角下高校宣传思想工作研究》,博士学位论文,南昌大学,2020 年。

识,提高意识形态传播主体媒介素养,着力构建大数据话语新平台,建立健全舆论焦点应对机制,凝聚中国特色社会主义核心价值共识,更加牢固地掌控新时代高校意识形态主导权"①。刘少阳通过对自媒体特点及意识形态安全的概念界定分析,阐述自媒体与意识形态安全的关系。维护意识形态安全是自媒体发展的基本要求,自媒体是维护意识形态安全的重要渠道。分析意识形态安全问题的理论基础,意识形态安全是政治安全、经济安全、文化安全、社会稳定、抵御西方渗透的屏障。② 叶未萌提出要巩固马克思主义在高校意识形态中的主导地位,必须不断提高师生自媒体素养,净化自媒体空间,拓宽自媒体时代意识形态建设的路径,丰富和完善意识形态建设的内容,加强意识形态工作的创新。③

二、国外研究现状

(一) 自媒体相关研究

国外对于自媒体的研究相对较早,研究成果大多集中在从传播学的角度对自媒体进行定义,并对自媒体的传播形式进行研究。

1. 关于自媒体概念的界定

西方早期的自媒体同样以博客为代表,用户可以在自己的博客中分享文字、图片、视频吸引其他用户关注。2001 年美国专栏作家丹·吉尔默(Dan Gillmor)在其博客上最早提出了"自媒体"的概念,他认为:媒体发展轨迹为"旧媒体—新媒体—自媒体"。在次年出版的著作中他以博客(Weblog)来举例提出市民记者 Civic Journalism 的说法,写道:"我们正在开启一个新闻业

---

① 李春茹、龚锦涛:《论新时代高校意识形态主导权的构建策略——以自媒体网络传播为视角》,《重庆工商大学学报(社会科学版)》2019 年第 5 期,第 94–101 页。

② 刘少阳:《自媒体时代中国意识形态安全研究》,硕士学位论文,吉林大学,2017 年。

③ 叶未萌:《自媒体时代高校社会主义意识形态建设研究》,博士学位论文,山西师范大学,2018 年。

的黄金时代,但是这个新闻业不是我们通常熟知的新闻业。媒体未来学家早已作出预言,到2021年,一半的新闻将由公众提供,主流新闻媒体不得不逐步采纳和实践这种全新的形式。"①2003年谢因波曼与克里斯威理斯对自媒体的定义做出如下表述:"自媒体是普通大众经由数字科技强化、与全球知识体系相连之后,一种开始理解普通大众如何提供与分享他们本身的事实、他们本身的新闻的途径。"②当前,Facebook是美国和欧洲最受欢迎的社交网站,同时以Tiktok为代表的短视频软件也受到越来越多用户的追捧。

2.关于自媒体信息传播方式及其影响

丹·吉尔默认为自媒体是一种点对点的传播模式,每个人既是传播者也是接受者,信息传播从原来自上而下的方式变为逐步扁平化。③ 2014年,Reynol Junco 在研究国外大学生使用社交媒体对学业表现的影响(以Facebook为例)中发现Facebook的使用与学业表现之间存在负面关系,由此可见,大学生对自媒体的使用需要正面的指导和建议。自媒体的出现让每个人都获得了极大的话语权与主动权,传播的效率极大提升,但传播的信息质量却令人担忧。

(二)关于自媒体与意识形态的相关研究

1.关于意识形态基本理论的研究

关于意识形态的概念西方学界并没有形成定论,从不同视角来看他们给意识形态下的定义也各不相同。英国学者约翰·B.汤普森从意识形态的功能视角出发,将意识形态问题视为某种广泛问题域的组成部分。④ 德国学

---

① Dan Gillmor, *We the Media*: *Grassroots Journalism by the People*, for the People(O'Reilly Media Press Institute, 2004), P.45.

② 郑二利:《自媒体时代媒体文化研究的多棱透视》,《新闻爱好者》2012年第5期,第9—10页。

③ Dan Gillmor, *We the Media*: *Grassroots Journalism by the People*, for the People(O'Reilly Media Press Institute, 2004), P.45.

④ 约翰·B.汤普森:《意识形态与现代文化》,译林出版社,2005,第65页。

者卡尔·曼海姆从意识形态的范围出发,将意识形态分为"特殊的意识形态"和"总体的意识形态",其目的在于消除意识形态的认识论价值,将总体的意识形态概念过渡到"知识社会学"。① 哈贝马斯将当代的意识形态等同于科学技术,从工具理性的角度理解意识形态的内涵。② 莱蒙德·格斯在他的《批判理论的理念》中将意识形态教育分为三种:一是不带主观的,客观描述的评论;二是否定性的意识形态;三是肯定意义的意识形态。其中马克思主义意识形态概念无疑是它的第二种理解。阿尔都塞从结构主义视角出发,把意识形态定义为一种观念体系,认为它是社会总体的组成部分。③ 德国学者柯尔施从精神对物质的反作用出发,提出意识形态是一种精神力量,其功能在于对社会生活和人的精神产生重大的影响。④

2. 自媒体已成为西方意识形态推销的新战场

自媒体依托互联网技术,与互联网紧密相关。互联网起源于美国,并且在反映美国国家利益、推销美国意识形态、维护美国文化霸权等方面始终是其重要工具,互联网中英文的使用率高达94%。美国著名未来学家阿尔温·托夫勒(2006)提出,谁掌握了信息、控制了网络,谁就拥有了整个世界。可见美国学界高度重视起互联网在意识形态领域的推广作用。西方学者利用其在互联网领域的优势地位高举"历史终结论""文明中心论"等观点,以学术交流或文化传播的名义在互联网中全方位传播西方的政治制度优越性和价值理念。同时,西方媒体在互联网中同样占据着垄断地位,美联社(美国)、路透社(英国)、法新社(法国)、合众国际社(美国)占据了全世界大多数的新闻份额,并且这一状况还在进一步向互联网中延伸。西方提出的"公民社会2.0"计划、美国劳伦斯实验室对"蜂拥而至"新技术高度重视,无不体

---

① 卡尔·曼海姆:《意识形态和乌托邦》,艾彦译,华夏出版社,2001,第65页。
② 哈贝马斯:《作为意识形态的技术和科学》,学林出版社,1999,第4-5页。
③ 阿尔都塞:《保卫马克思》,商务印书馆,1984,第201页。
④ 柯尔施:《马克思主义与哲学》,重庆出版社,1989,第27页。

现了西方对互联网作为意识形态传播新阵地的高度重视。

3. 从意识形态的全球化和信息传播角度研究

德国学者汉斯·马丁和哈拉尔·特舒曼指出全球经济的发展是"由于（人们）有意识推行追求既定目标的政策所造成的结果"①。尼古拉·尼葛洛庞帝在《数字化生存》中指出，信息技术革命将改变我们的学习方式、工作方式、娱乐方式等。② 法国学者阿芒·马特拉从传播学的角度来解释信息传播的"国际化"或"全球化"的形成原因，并揭示了传播在意识形态演进中起的作用。③ 曼纽尔·卡斯特认为，信息主义在解构的过程中加速、引导与塑造了信息技术范式，并引出相关的社会形式，对人们的政治生活、经济生活与文化生活产生了重要影响。④

三、研究现状评析

国内外对于意识形态建设的研究由来已久，但对于自媒体环境所带来的新变化、新特点、新思考还是一个相对崭新的课题。尽管学界内部对于自媒体环境下高校意识形态建设的研究有例如互联网环境下、新媒体环境下或高校意识形态安全等表述，但研究内容与时代需求契合度较低。学术界在关于自媒体环境下高校意识形态建设的研究中，无论是在学科的多元性、研究理论的多维度、研究内容的宽度、广度与深度上，都取得了较为基础性、系统性的研究成果，具体表现为以下两个方面：

首先，在研究自媒体与我国高校意识形态建设的问题上，从较为单一传统学科向多元学科局面发展。对高校意识形态建设的研究从单一理论范式

① 汉斯·马丁、哈拉尔·特舒曼：《全球化陷阱：对民主和福利的进攻》，张世鹏译，中央编译出版社，2001，第49页。
② 尼古拉·尼葛洛庞帝：《数字化生存》，胡泳、范海燕译，海南出版社，1997，第3页。
③ 阿芒·马特拉：《世界传播和文化霸权》，中央编译出版社，2005，第7页。
④ 曼纽尔·卡斯特：《网络社会的崛起》，夏铸九、王志弘译，社会科学文献出版社，2001，第22页。

向马克思主义理论、西方现代性理论和中国特色社会主义理论观点结合的理论范式转变,研究学科也从过去单一的哲学或科学社会主义向法学、政治学、传播学、社会学转向,这些学科分别从不同的视角,运用相关的理论,或者是跨学科研究自媒体环境对我国意识形态安全的影响,取得了不同学科研究范式的多元化成果,但同时也存在不同学科"碎片化"、各自为战的研究倾向,跨学科研究成果较少。

其次,在抵御自媒体环境下西方对我国进行意识形态渗透的问题上,从宣传话语为主导,向政治话语、理论话语、学术话语、实践话语相结合的范式转变。早期对于抵御意识形态渗透的研究倾向于诠释、解读作为载体的宣传话语和政治话语。随着学界对其研究的不断深入,在这一领域的研究形成了以党校系统为主的关于抵御意识形态渗透的宣传话语和政治话语的构建,以及以高校和社科院系统为主的关于我国意识形态安全的学术话语的构建。话语的多元属性可以满足话语不同主体的需求,但同时也不可避免地出现了政治话语与学术话语相分离的现象。

虽然学界的相关成果为本书提供了相当大的帮助,但基于以上评述不难看出这一领域仍有进一步探讨、发展和突破的空间。这些空间具体表现为三个方面:一是对自媒体环境下我国意识形态建设缺乏系统研究,或是侧重于某些特定区域,如农村地区、学校等,或是侧重于意识形态传播的某一方面特征,对自媒体环境下我国高校意识形态建设缺乏整体性把握。二是对自媒体环境对我国高校意识形态安全影响的重要性重视不够,仅仅将其作为西方意识形态攻势的某一方面进行论述,对自媒体环境下高校意识形态建设缺乏独立性思考。三是在研究过程中忽视自媒体发展的新形势、新境遇、新变化,特别是对以互联网技术为代表的意识形态虚拟化传播缺乏深入认识,对自媒体在当代高校中的应用缺乏现代性考察。这也是本书的动因和期望达到的效果。

第三节　核心概念界定

　　"自媒体"和"高校意识形态建设"是做好本书的关键词语和核心词汇。本节的主要目的在于确定以上关键名词的定义与内涵,以期成为下一步研究的基础,以便为自媒体环境下的高校意识形态建设研究进一步开展做好铺垫。

一、自媒体

　　"自媒体"属于舶来词,2002 年首次由美国作家丹·吉尔默提出,随后在世界范围内产生深远影响。他在一篇新闻报道中首次提出,当今世界已经进入"新闻媒体 3.0"时代,也就是自媒体("We-Media")时代。在他的论述中,传统纸质传媒、广播传媒属于新闻媒体的 1.0 时代,即"旧媒体"时代;电视传媒、网络传媒、电子传媒等数字传媒属于新闻媒体的 2.0 时代,即"新媒体"时代。而随着博客、个人主页等网络即时通信工具的产生,我们正式进入新闻媒体的 3.0 时代,即"自媒体"时代。在这一时代中,信息改变了传统的单向传播模式,开始成为所有人向所有人传播的新模式。随后,美国学者谢因波曼和克里斯威理斯通过其著作《自媒体》对自媒体的概念进行进一步完善,他们认为,自媒体是普通大众通过网络数字技术提供与分享他们本身的事实和新闻的途径。

　　2005 年以来,自媒体这一概念逐步传入中国,伴随着信息技术在中国的迅猛发展,各个专家学者对于自媒体的研究也不断深入。从自媒体的传媒功能来看,有学者提出自媒体是一种信息共享的交互平台,在自媒体中人们自由发布观点并获取他人信息。与传统媒体不同,自媒体中的信息没有统一的发布平台,也没有专门的机构管理,在法律法规允许的范围内实现畅所欲言,因此,其中所包含的价值取向是多元的。从自媒体的经济功能来看,自媒体带动了一系列"网络营销""网红经济"的发展,通过自媒体账号营销刺激市场不断产生新的消费需求。从自媒体的社会功能来看,每一个自媒体平台都附带着信息与价值观的传播,这一方面打破了传统权威媒体对信息的垄断,另一方面也会影响每个人个人意识的觉醒。在自媒体平台中,人的价值和力量得到进一步发挥和体现。

从自媒体概念的发展历程中可以看出,人们越来越意识到自媒体在信息传播与价值引领中的重要作用,也意识到要引导人们正确认识和运用自媒体,但依然缺乏对自媒体最本质、最深层次概念的解读。从字面来看,自媒体的"自"至少有三重含义:首先是"自我"。每一个自媒体账户虽然都在虚拟空间之中,但其背后都有一个真实的个体,其中的"我"充分享有对自媒体账户的所属权,也就是说,自媒体账户是完全从属于某一个人或一个群体的自我意志和灵魂的。其次是"自主"。在自媒体账户中人们拥有在法律范围内最广泛的自主选择权,可以选择自己想要获取的信息,也可以发布自己想要表达的内容,自主选择成为信息的传播者或生产者。最后是"自由"。自媒体的核心价值是"自由",也正是这种自由表达的特质造成当代青年甚至整个社会对自媒体持续狂热不已。

综上所述,本书不揣冒昧将自媒体定义为:自媒体是依赖于数字技术、网络技术、移动通信技术和卫星技术,由个体网民在智能终端的互联网平台中自由建立、自主发布、自我管理的,崇尚自由、独立和创新精神的新的媒介形式。之后的论述都是基于这个定义所进行的。

二、高校意识形态建设

习近平总书记指出:"意识形态工作是党的一项极端重要的工作……宣传思想工作就是要巩固马克思主义在意识形态领域的指导地位,巩固全党全国人民团结奋斗的共同思想基础。"①中国共产党历来高度重视意识形态

①　《习近平在全国宣传思想工作会议上强调　胸怀大局把握大势着眼大事　努力把宣传思想工作做得更好》,《人民日报》2013年8月21日,第1版。

工作,而高校意识形态建设又是意识形态工作中的重中之重。青年是祖国的未来、民族的希望,他们担负着接续发展社会主义的历史使命,是社会主义事业的建设者和接班人。高校是社会的风向标,在全社会发挥着传播知识、创新理念、引领风尚的重要作用。自媒体时代的到来,改变了传统高校内信息的传播方式与获取方式,对意识形态的传播与接受都产生了极大影响。机遇与挑战并存的自媒体环境下,如何进行高校意识形态建设,首先要厘清我国高校意识形态建设的概念和主要内容,这是本研究得以进行的理论前提。

(一)我国高校意识形态建设的概念界定

"我国高校意识形态建设"是一个复合型概念,可拆分为"我国""高校""意识形态""建设"四个关键词组,其中意识形态的概念前文已有详细论述,在此对其他几个关键词加以解释,并在此基础上尝试界定"我国高校意识形态建设"这一概念。

"我国"是工人阶级领导的、以工农联盟为基础的人民民主专政的社会主义国家。我国的国家性质决定了我国意识形态必然是以马克思主义为指导,以人民的根本利益为核心,以实现中华民族伟大复兴为目标的社会主义意识形态。

"高校"是高等学校的简称,《现代汉语词典》(第7版)中的"高等学校"被解释为:"大学、专门学院和高等专科学校的统称。"[①]高校是培养社会主义建设者和接班人的重要机构,承担着捍卫和引领社会主流意识形态,坚定青年学生理想信念,为中华民族伟大复兴积蓄力量的历史使命和时代责任。同时,高校也是意识形态斗争的前沿阵地。以习近平同志为核心的党中央历来高度重视高校意识形态建设工作,将"培养担当民族复兴大任的时代新人"放在高校意识形态建设的首要位置,为我国高校意识形态建设指明了

---

① 中国社会科学院语言研究所词典编辑室:《现代汉语词典》(第7版),商务印书馆,2017,第431页。

方向。

"建设"在《现代汉语词典》(第7版)中被解释为:"创立新事业;增加新设施。"①结合"我国""高校""意识形态""建设"等关键词组概念,我们可以将我国高校意识形态建设总结为:为在我国高等院校中维护以马克思主义为指导,以人民的根本利益为核心,以实现中华民族伟大复兴为目标的社会主义意识形态而采取的一系列策略、方法和措施的总和。

(二)我国高校意识形态建设的科学内涵

在对我国高校意识形态建设进行概念界定之后,还需要进一步厘清其理论内涵,才能更好地指导实践。本书从指导思想、政治前提、行动指南、战略目标和主要内容五个方面入手,以期为我国高校意识形态建设构建一个清晰明确的理论内涵。

1.我国高校意识形态建设的指导思想

我国高校意识形态建设的指导思想是马克思主义。坚持马克思主义作为指导思想,一方面是由我国的具体国情决定的,马克思主义是中国近代以来历史和人民的共同选择。它贯穿于中国革命、建设和改革的全部过程中,始终引领着我国主流意识形态的发展方向。另一方面是由马克思主义真理性与科学性所决定的,作为世界观与方法论的统一,马克思主义是从实践中产生并不断得到实践检验的辩证唯物主义真理。同时,马克思主义作为一个开放的理论体系,始终能够保持与时俱进、包容创新。进入新时代后,马克思主义依然应该也必须坚持作为我国高校意识形态建设的指导思想。

2.我国高校意识形态建设的政治前提

我国高校意识形态建设的政治前提是坚持党的领导。党政军民学,东西南北中,党是领导一切的。首先,坚持党的领导才能保证高校意识形态建

---

① 中国社会科学院语言研究所词典编辑室:《现代汉语词典》(第7版),商务印书馆,2017,第641页。

设的社会主义方向不动摇。我国作为社会主义国家,高校肩负着为国家培养社会主义事业的建设者和接班人的历史使命。在高校中坚持党的领导,才能抵御西方对我国高校的意识形态渗透,使高校在学术研究与人才培养过程中保持正确的发展方向。其次,坚持党的领导是保证高校意识形态建设的组织保障。中国共产党是中国特色社会主义事业发展的领导核心,总揽全局,协调各方。坚持党的领导能够对高校意识形态建设提供政策支持、资金支持、人才支持,保障各种措施和手段得以有效实施。

3. 我国高校意识形态建设的行动指南

我国高校意识形态建设的行动指南是习近平新时代中国特色社会主义思想。中国特色社会主义进入新时代以来,高校意识形态建设要立足新方位,面对新境遇,也会发现新问题。这就需要我们以习近平新时代中国特色社会主义思想为行动指南,要通过深入学习习近平新时代中国特色社会主义思想来巩固高校意识形态建设的政治基础,通过贯彻落实习近平新时代中国特色社会主义思想来统筹学校发展全局,在习近平新时代中国特色社会主义思想的旗帜下凝心聚力,共同为高校构建一道意识形态层面的天然屏障。

4. 我国高校意识形态建设的战略目标

我国高校意识形态建设的战略目标是提升高校主流意识形态话语权,维护高校意识形态安全,加强党对高校意识形态工作的领导。首先,要在高校中提升主流意识形态的话语权,要充分利用高校中的理论资源优势,将意识形态问题从学理层面分析清楚,并给每一个学生讲清楚。通过拓宽意识形态传播渠道、创新意识形态内容等方式增强主流意识形态的亲和力与针对性。其次,维护高校意识形态安全,高校是社会思潮的风向标,特别是自媒体环境下,各种思潮通过自媒体传播给高校的教师和学生。高校要通过对历史虚无主义等错误思潮的理性分析,消除它们在高校教师和学生当中的影响,牢牢占领高校意识形态阵地,维护高校乃至全社会的意识形态安全。最后，要巩固党对高校意识形态工作的领导。通过加强高校师生在意识形态层面对党和国家的认同，达到巩固党对高校意识形态工作的领导的效果。历史经验告诉我们，加强党对高校的全面领导，是促进学生全面发展，培养时代新人的重要保障。

5. 我国高校意识形态建设的主要内容

我国高校意识形态建设的主要内容包括完善建构、保障安全、价值引领、促进认同四个方面。首先，高校意识形态建设是一个复杂的系统工程，既需要完善组织结构，也要有理论创新、政策保障的机制。同时，意识形态建设不是一蹴而就的，而是一个动态的发展过程，要随着时代和环境的变化动态调整。其次，维护高校意识形态安全是高校意识形态建设的一个重要内容，其中包括维护指导思想安全，即坚定马克思主义信仰不动摇；维护社会风气安全，即通过高校影响整个社会风气与公序良俗稳定；维护民族精神安全，即维护以爱国主义为核心的民族精神在青年一代中的传承发展。再次，高校意识形态建设以社会主义核心价值观为内核，是对高校乃至整个社会价值取向的规范，在全社会起到重要的价值导向作用。最后，高校意识形态建设的核心内容是促进意识形态认同，要通过对社会主义意识形态真理性与价值性的彰显，使高校师生乃至社会成员从情感和意识上加强对社会主义意识形态的认同感和归属感。

第四节　研究思路与方法

一、研究思路

意识形态工作一直以来都是党和国家一项极端重要的工作，高校聚集了大量人才，是开展意识形态工作的前沿阵地。自媒体环境下我国高校意识形态建设既面临着自媒体带来的积极影响,同时也面临一定的消极影响。因此,研究"自媒体环境下我国高校意识形态建设"旨在分析自媒体环境下高校意识形态建设面临的积极影响与消极影响、主要任务和意义、现状及成因,提出应对措施。全书主要从四个方面探讨这一课题:

第一部分:首先在绪论部分梳理了国内外相关研究的现状,在现有研究基础上界定本书两个核心概念"自媒体"和"高校意识形态建设"的定义。从而进一步在第一章中开始分析自媒体的产生与发展、特征与属性以及自媒体与意识形态相结合后的新功能,然后分析自媒体环境对高校意识形态建设带来的积极影响与消极影响,并在此基础上展开讨论。本部分主要是为之后分析问题和提出措施提供概念依据和理论基础。

第二部分:分析自媒体环境下我国高校意识形态建设的主要任务和意义。指出自媒体已与大学生日常生活深度融合,自媒体如今已成为意识形态传播的重要媒介,自媒体已成为高校意识形态建设的新境遇。自媒体环境下我国高校意识形态建设的主要任务是丰富建设内容、提升校园文化建设、净化自媒体空间、增强建设队伍力量。加强自媒体环境下我国高校意识形态建设,是奠定高校校园文化学风建设的思想基础,保障国家意识形态领域安全的必要前提,提升社会主义建设者接班人培育质量,培育和践行社会主义核心价值观的有效手段,抵制西方不良社会思潮在高校传播的思想武器,有效应对复杂态势的现实需要。这部分是本研究的理论逻辑基点。

第三部分:阐述自媒体环境下我国高校意识形态建设的现状及成因。这部分主要是基于对8所具有代表性的高校学生和教师通过问卷调查、现场访谈等方式,分析在自媒体环境下高校意识形态建设面临的问题及成因,从我国高校意识形态建设的重视程度、内容、渠道、环境、队伍等方面寻找高校意识形态建设工作上存在的偏差,并从世情、国情、校情等角度进行成因分析。

第四部分:根据理论分析、现状分析,针对新形势下我国高校意识形态建设的现状提出加强和改进我国高校意识形态建设的策略。主要包括明确自媒体环境下我国高校意识形态建设的工作目标,把握自媒体环境下我国高校意识形态建设的原则,改进自媒体环境下我国高校意识形态建设的内容,拓宽自媒体环境下我国高校意识形态建设的渠道,优化自媒体环境下我国高校意识形态建设的环境,打造立场坚定、能力过硬、道德高尚的高校意识形态建设队伍。这部分是本书的价值旨归。

具体研究思路如图 0-1 所示:

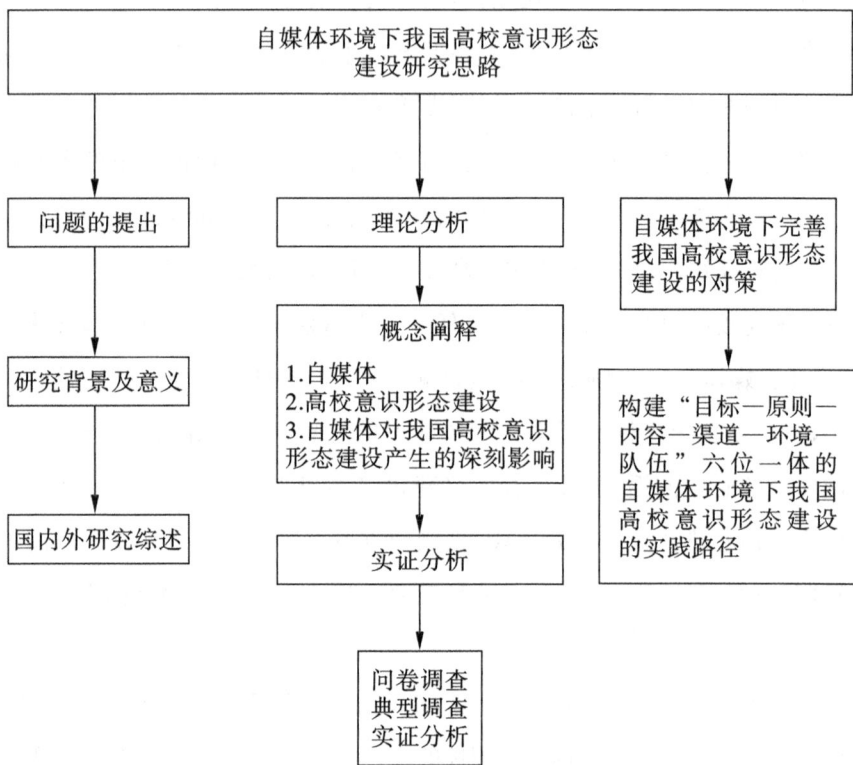

图 0-1 自媒体环境下我国高校意识形态建设研究思路

二、研究方法

（一）文献分析法

本书大量采用了文献分析法，特别是第一部分关于自媒体、高校意识形态建设的内涵及特征的概括，从中国国家图书馆数据库、郑州大学图书馆等多个数据库对相关研究的专著进行详细查阅，从中国知网、人大复印报刊资料全文数据库对相关研究的学术论文、学位论文进行分类汇总，以此对自媒体及高校意识形态建设相关理论进行系统梳理。通过这种方式力求研究开展的基础翔实可靠。

（二）跨学科分析法

实际上意识形态涉及多方面的内容，属于综合性概念，本书从跨学科的视角，综合应用传播学、政治学、社会学、哲学等学科的相关概念与方法，特别是运用传播学、社会学相关理论来阐述自媒体环境下高校社会主义意识形态建设问题，保证了研究的全面性，避免研究过程中出现视角单一问题。

（三）调查分析法

关于自媒体在高校师生中的使用现状以及对高校师生的真实影响不能只从理论到理论，要通过实际调查分析，掌握第一手材料才能得出准确结论。本书对国内具有代表性的8所高校进行实证调研，对自媒体环境下高校意识形态建设的现状及成因进行实证分析。通过问卷调查和个体访谈，对国内8所不同层次、不同学科的学生和教师进行调查，得到当前自媒体环境下高校意识形态建设的真实现状，并以此为基础探索对策建议。

第五节　研究的重点、难点与创新点

一、研究重点

本书研究的重点有三个,总体来说是对自媒体环境下我国高校意识形态建设所带来的挑战以及针对性的防范与治理措施,同时也应深入探讨自媒体对意识形态安全影响的新特征、新变化,探究其在实施、传播和影响学生等方面同传统意识形态传播有何不同。

第一,本书将自媒体与高校结合起来,探究二者结合之后对我国高校意识形态建设所带来的积极影响与消极影响,提出在自媒体环境下,如何利用优势化解风险与挑战,使自媒体成为我国高校意识形态建设的有益助力,具有时代感和现实感。

第二,本书将自媒体作为人类社会发展进程中影响人类生产生活的重要技术革命,探讨意识形态对于互联网技术的应用,重点在于实现对自媒体环境下我国高校意识形态建设现状的把握,对当前高校意识形态建设工作所取得的成绩与存在的问题进行总结,并对问题成因加以分析。

第三,在对自媒体环境下的我国高校的意识形态建设进行微观分析的基础上,本书从宏观视角对其影响做学理上的概括,在查找原因、分析问题的基础上,趋利避害提出了"目标—原则—内容—渠道—环境—队伍"六位一体的高校意识形态建设的实践路径,对我国意识形态建设理论的丰富和意识形态安全领域的实践提供理论支持。

二、研究难点

本书的研究难点在于:首先,是对自媒体环境下我国高校意识形态建设现状的把握。这是本书的选题依据和缘由,到底当前自媒体环境下我国高校意识形态建设现状如何？哪些是影响自媒体环境下高校意识形态建设的主要因素？上述问题对实现本书研究的目标至关重要。本书将通过在全国代表性高校中开展问卷调查,掌握第一手资料,把握学科前沿最新动态。其次,了解自媒体对我国高校意识形态建设的双重影响才能对症下药,标本兼治,提出自媒体环境下我国高校意识形态切实可行的建设方案。而在前文中提到的国内外对相关问题研究的文章和著作中,有些提到了自媒体环境,并提出了相关的对策与建议,但其理论阐释尤显不足,没有上升到对我国意识形态安全产生挑战的高度,整体性、系统性相对不足,这些是本书力求突破的难点所在。

三、研究创新点

本书的创新点在于研究视角、研究方法和研究内容三个方面,具体体现如下。

1.研究视角方面

当前学术界研究高校意识形态建设问题的视角基本上都是由内到外,从理论逻辑出发构建建设路径。本书的研究视角选择由外到内,从自媒体环境带来的新变化为切入点,对自媒体的意识形态功能进行了详细分析,在此基础上用"外部"的眼光和标准来重新审视和反思自媒体环境下我国高校意识形态建设。结合自媒体环境下我国高校意识形态建设的新特征,对研究对象重新定位,厘清了自媒体对我国高校意识形态建设带来的积极影响与消极影响。

2.研究方法方面

本书采用跨文化与跨学科有机结合的方法,把自媒体环境下高校意识形态建设放到新时代国家意识形态工作的坐标系中进行观照。意识形态建设涉及多学科、多领域,本书从传播学、政治学和社会学的不同理论基础与方法出发,对自媒体环境下我国高校意识形态建设现状进行了客观描述,对当前高校意识形态建设所取得的成绩与存在的问题进行总结,并对其问题成因进行深入分析。

3.研究内容方面

本书搭建了相对完整、系统的研究思路和体系。首先,通过对我国高校意识形态建设的现状及成因分析,填补当前学界对自媒体环境下我国高校意识形态建设全面性研究不足的现状。其次,以自媒体环境为中心点,重新梳理和审视所有与之相关要素,更科学地凸显自媒体环境下我国高校意识形态建设在整个国家意识形态建构中的地位和作用,以区别于当前只对局部地位和作用的研究。最后,从整体性出发提出了"目标—原则—内容—渠道—环境—队伍"六位一体的高校意识形态建设的实践路径,一定程度上形成了整体系统的研究体系。

第一章 自媒体对我国高校意识形态建设的深刻影响

第一节 自媒体及其意识形态功能

随着现代通信技术的发展,自媒体的出现迅速颠覆了整个社会的信息传播方式,特别是在青年学生群体中,以微博、微信为代表的自媒体平台迅速且广泛地取代了传统广播电视等大众传媒,成为青年学生获取信息、了解世界、展示自身的主要渠道。本书力求探究自媒体环境下高校意识形态建设的新思路与新方法,因此需要首先对自媒体的发展、特征和影响进行准确把握。

一、自媒体的产生与发展

(一)自媒体发展脉络

前文将自媒体定义为依赖于数字技术、网络技术、移动通信技术和卫星技术,由个体网民自由建立、自主发布、自我管理,崇尚自由、独立和创新精神的新的媒介形式。可见自媒体的诞生与互联网息息相关,互联网的蓬勃发展击垮了传统媒体的垄断和特权地位,使得建立媒体简单化——甚至于每个人随时随地都可以建立属于自己的媒体账号。我国媒体的发展脉络如

图 1-1 所示,可以看出自媒体正是乘着互联网发展的东风逐渐兴起的。

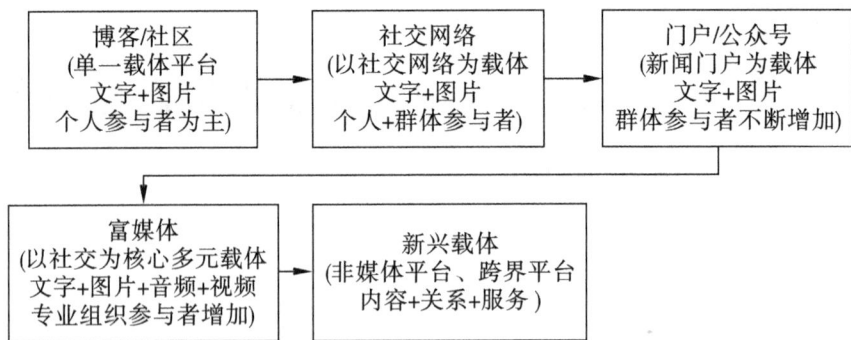

```
┌─────────────────┐      ┌─────────────────┐      ┌─────────────────┐
│   博客/社区      │      │   社交网络       │      │  门户/公众号     │
│ (单一载体平台    │ ───→ │(以社交网络为载体 │ ───→ │(新闻门户为载体   │
│  文字+图片       │      │  文字+图片       │      │  文字+图片       │
│ 个人参与者为主)  │      │ 个人+群体参与者) │      │群体参与者不断增加)│
└─────────────────┘      └─────────────────┘      └─────────────────┘
       │
       ↓
┌─────────────────┐      ┌─────────────────┐
│    富媒体        │      │   新兴载体       │
│(以社交为核心多元载体│    │(非媒体平台、跨界平台│
│ 文字+图片+音频+视频│    │  内容+关系+服务 ) │
│ 专业组织参与者增加)│     └─────────────────┘
└─────────────────┘
```

图 1-1　我国媒体的发展脉络

2000 年是中国的自媒体元年,标志是博客传入中国,2004 年年底土豆网在中国诞生,打破了传统媒体对图像、声音进行传输的独家特权,人们可以在自己的博客主页发表观点、看法和文章供全网看到。其次是腾讯公司依靠旗下通信软件 QQ 广泛的用户基础开通了 QQ 空间功能,用户可以在 QQ 空间中表达心情,甚至装饰自己的 QQ 空间,第一次真正让人们意识到一个完全属于自己的网络空间的存在。博客与 QQ 空间的出现,一时间在青年群体中产生重大影响,2008 年我国博客注册用户已达一亿。2009 年微博横空出世,正式宣告我国基于社交网络的自媒体开始出现,其结合了博客和 QQ 空间的特点,开创性地规定每条微博不能超过 70 字,因此比博客更加简洁、鲜明、有针对性,也比 QQ 空间具有更广阔的视野和更深刻的内涵,微博也迅速取代博客和当时其他自媒体,成为当时甚至今日最炙手可热的自媒体平台。同年,博客玩法进化为一种像贴吧一样的形式,这种形式深受校园学生的拥护,到今天依然极具影响力。不难看出,自媒体的发展与互联网和智能手机的广泛应用息息相关,微博诞生仅 8 个月就收获了 1000 万用户,"织围脖"也成为当年最时尚的行为方式。经过我国自媒体的一系列发展,一些优秀的自媒体账号脱颖而出,自媒体的影响力日益显现,一些优秀公众号在网络上因为一篇或几篇"10 万+"的文章吸引大量粉丝,微博也会为一些具有影响力的账号加"V"。这一系列标志性事件背后是中国自媒体平台的迅猛发展。2010年上海交通大学民意研究实验室在第三季度发布了《中国社会舆情反应能力评估报告》。报告指出，微博的出现，已成为企业和个人应对公众情绪的重要渠道。

2011年一种名叫微信(WeChat)的即时性交流软件风靡全国，其附带的公众账号模式极大地影响了我国自媒体平台的发展进程，成为今天自媒体平台的重要组成部分。今日头条、搜狐、网易相继推出公众号功能，自媒体发展进入公众号时代。公众号诞生的意义不仅是人们获取信息的载体从以电脑为基础的门户网站到以手机为基础的移动软件的转变，也大大降低了自媒体的使用门槛，扩大了使用范围，时至今日，公众号依然是自媒体最重要的组成部分，也是自媒体从业者最多的领域。2015年开始，4G网络技术的普及带动了直播行业的崛起，声音、图像逐步取代文字成为自媒体发布的主要形式。自媒体发展主要体现为三个较大板块：以优酷、爱奇艺和B站为代表的视频门户网站也开始向移动端转移；以抖音、快手等为代表的短视频平台也随着移动终端的发展而发展；以淘宝和微商为代表的电子商务也开始以自媒体的形式推广自有品牌。2018年以"抖音"为代表的短视频平台迅速走红，以"抖音神曲""网红打卡"为代表的自媒体经济的拉动作用可以说影响着我国每一个人的生活。近年来，随着直播行业的兴起，短视频社区兴起，综合视频网站纷纷搭建自媒体平台，视频自媒体逐渐占据主流。同时，电商直播带货的兴起，使得淘宝、京东等非媒体平台正在成为自媒体的新载体，探索新的变现模式。2024年，在互联网、人工智能等数字技术推动自媒体发展壮大的同时，自媒体在交通通信、商业服务、文化产业等多个领域应用也日趋深入，新形式、新业态不断涌现。

对于自媒体平台未来的发展方向，大致可以从运营主体、使用规范、法律法规等方向进行预测，毋庸置疑的是，随着科技进步速度的不断提升，自媒体的发展速度也会越来越快，在人们的生活中扮演越来越重要的角色。从运营主体上看，未来自媒体的发展应该呈现公司运营与个人运营两极发展的趋势。一方面以公司为单位的自媒体账号能够保障内容质量,更加懂得自媒体的经营规律,提供更吸引用户的产品;另一方面作为个体网民每个人表达情感、分享生活的需求被进一步激发,自媒体平台则是最好的渠道。从使用规范方面来说,自媒体作为一个新生事物,对其规律的把握一直都还在探索之中。随着自媒体的不断发展,除了内容不断丰富、形式不断多样、品质不断提升之外,我们对于自媒体的把握也会随之进步,更加趋于合理和文明。对于法律法规来说,政府会不断增强对自媒体的监管力度,相应的法律法规也会不断完善。网络从来都不是法外之地,自媒体由于其自身私人化的特点,导致发布的内容良莠不齐。这些问题若不及时解决,在一定程度上会影响国家和社会的安定,出台相应的法律法规势在必行。

(二)自媒体类型划分

自媒体的迅猛发展是伴随着手机、平板或笔记本电脑等智能终端的普及一起的,随着智能手机和5G网络的不断发展,衍生出一大批不同类型的自媒体平台,根据不同的分类有不同的划分尺度,本书将其主要划分标准分为以下三种类型。

1. 按功能分类

首先,即时通信类。其代表性应用是微信、QQ等即时通信工具,这类自媒体平台的主要特点是拥有广泛的用户基础,由于这种信息呈现"点对点"的传播方式,会造成信息只在一定范围内传播,但是信息传播的精确性却是所有自媒体平台中最高的。所以在这类通信工具中发布或转发内容,通常最能体现一个人或团体的价值取向与是非判断,同时也容易形成一个群体或阶层间的共鸣,形成同一圈层中信息的平向流动。

其次,娱乐兴趣类。其代表性应用是抖音、快手等短视频或直播平台,这是当前流传度最广的自媒体平台,也是集商业化、娱乐化于一身的自媒体传播方式。通过实时影响的传播在自媒体平台上打破时空界限,通过弹幕或点赞的方式与信息发布者进行实时互动,从而能够享受到前所未有的参与感。在娱乐类自媒体平台中,大规模的商业团体占据主流,他们通过大数据采集用户喜好,并向用户推送可能感兴趣的视频,通过这种方式获取关注与点击量。

再次,信息传播类。其代表性应用是知乎、BBS 等,即有人在网站上提出问题,其他网民回答问题,如果有相同的问题,可以通过前人的回答寻找答案。这类自媒体平台的特点是受众范围广,应用性强,信息查询方便等,主要应用于网络交流。缺点是个人发布内容不保证完全真实,其中也存在恶意误导或商业广告等行为。

最后,自我表达类。其代表性应用是微博、博客等,微博也称为短博客。博客通常是发布对国家或者社会公共事件的看法、见解或分享文章等。相比之下微博的个人色彩更加浓厚而博客的社会性更强。微博由于其即时性与交互性的特点逐步取代了博客,由于其特殊的传播方式,微博能够将人们所关注的社会热点问题或话题迅速推向高潮,引发更为广泛的关注。"热搜""超话"也成为当代年轻人关注社会热点问题的主要渠道。

2. 按表现形式分类

自媒体的表现形式主要包括文字、图片、音频、视频,通过以上一种或多种形式的结合,达到实用与美观兼备的效果。其中最基本的形式是文字,文字是承载语言、交流思想的重要工具,传统媒体主要就是通过文字传递信息,但是由于其传播方式陈旧,观点和想法很难传递出去,也没有办法与读者进行更深一步的交流。而以文字表达为主要表现形式的自媒体的出现实现了信息两端的交互,其中有代表性的是博客和微博。当然自媒体中除文字外一般都有相应的配图来解释文字或吸引观众,微博是微型博客的缩写,其本质是网络日记,但通过互相关注、评论、转发、点赞机制,微博也获得了社交网络的作用。图片类自媒体除了在微博和博客中出现外,更多出现在微信公众号中,以图片来获得人们的点击率和浏览量。此外还有美图秀秀、Instagram 等专门以图片社交为主的自媒体平台,通过图片的即时分享获得广泛关注。音频自媒体解放了人们的双手和双眼,类似于电台却不完全相同。据统计,最主要的音频自媒体平台喜马拉雅 FM、荔枝 FM 已超过 1.3 亿用户使用,并且随着有声读物的兴起而不断发展。视频自媒体是当前自媒体中应用最为广泛的自媒体形式,使用视频作为传播信息的一种表达方式,将自媒体交互性的特点发挥到了极致,生动、直观、内容丰富、范围广泛也让视频自媒体真正走进千家万户,观看短视频的用户占总网民的 93.8%①,这是其他形式的自媒体无法比拟的。自媒体以表现形式归类就是文字、图片、视频、音频这四类,只不过是在使用过程中,侧重点不同,应用范围不同,从而造就了丰富多彩的自媒体环境。

3. 按运营主体分类

自媒体按运营主体分类可分为个体自媒体、企业自媒体、官方自媒体三种,不同的运营主体造就了自媒体内容的不同立场和视野。个体自媒体就是以个人为核心独立经营的自媒体,这类自媒体个人色彩极其浓厚,一个创作者统筹该账户的全部内容,表达的主要是其个人的内容与风格,这类自媒体通常吸引人的点正在于此,让用户通过一个账号看到世界的多样性。如果某个自媒体账号体量变大时,通常会成立一个团队或公司共同运营,以保证其质量和产量。企业自媒体是指以经营自媒体为业的公司或社会组织运营的自媒体,这类自媒体相较于个体自媒体来说,运营相对成熟,资源更加丰富,程序更加规范,但内容相对单一,商业化程度较高。官方自媒体大多是传统媒体在自媒体平台上的衍生账号,主要是为了拓展传播渠道、提升信息传播实效、抢占互联网意识形态领导权,如众所周知的人民日报、央视新闻等传统媒体的自媒体官方账号。由于这些账号通常是官方或传统大企业支持运营,逐渐成为自媒体领域中最大体量的自媒体账号,不仅成为当下人们获取新闻的最主要的渠道,也成为传统媒体争取年轻用户的最重要方式。

---

① 第 55 次《中国互联网络发展状况统计报告》,https://www.cnnic.net.cn/n4/2025/0117/c88-11229.html。

二、自媒体的特征与属性

(一)自媒体的特征

1. 自主性强,他控性弱

自主性强是自媒体区别于以往所有媒体的本质特征,传统媒体的发布者都隶属于政府或新闻出版部门,信息发布前要经过层层校对、筛选、审核,最终才能发布出来。而用户作为信息的接收群体只能接收报社、电台、电视台发布的信息,并没有自主选择的权利。自媒体诞生以来,信息的传播拥有了更强的自主性,用户在自己的自媒体平台上发布内容,虽然也受一定监管,但再也不像其他媒体形式那样接受严格审查,信息传播也具有很强的自主性,只要有吸引用户的内容就会得到广泛传播。准入门槛降低极大地激发了用户的创作兴趣和能力,每个人都可以自由地表达思想、展示才能,这一方面使得舆论越来越真实,传统媒体对舆论的垄断和权威被打破,给了各种思想在互联网上相互碰撞、相互影响的可能性;另一方面使得自媒体成为每个人成长的见证者和记录者,每个自媒体用户都是社会的一员,自媒体也就成为社会发展的见证者和记录者。就信息的接收方面,用户可以完全根据自己的兴趣选择了解与关注,同时人人都是自媒体的局面也给了自媒体平台更加丰富多彩的选择。但正是由于自媒体平台的自主性强,信息发布的时间、地点、内容、影响等因素都具有极强的不可控性,他控性弱的特点也成了当前自媒体平台的主要弊病。在自媒体平台上发布的内容很难得到有效的核实与审查,给了不良信息以可乘之机。

2. 时效性强,真实性弱

随着科技的不断进步,相应的自媒体软件也在不断更新,为自媒体传播时效性不断增强提供可能。传统通过媒体记者进行信息传播的方式显然已经不能跟上当今人们对于信息的需求,新闻热点事件发生后,从记者赶到现场采访,收集素材,整理稿件,层层审核再到第二天见刊的传统模式,在追求时效性的新闻事件面前已经显得落伍。当今新闻事件发生后第一手的材料就是路过群众拿起手机拍下事发情况发布在自媒体平台,大家的讨论和转发自然会把人们最关心的新闻推到热点位置让更多人看到,这种传播速度是其他媒体形式难以企及的。这种不经审核就发布的消息,发布人通常也很难掌握最详尽、最真实的事件真相,因此会造成许多谣言,而自媒体平台上辟谣的成本远远大于造谣的成本。特别是由于互联网隐匿性的特点,用户在互联网上发布内容通常不受现实道德和法律法规的约束,也不对自己的言论负责。因此会出现大量庸俗的信息,难以把控。在自媒体平台中人们只能看到即时发布的信息,但对于信息的来源和可信度并不了解,因此经常出现"传谣一张嘴,辟谣跑断腿"的情况。一方面网络的这种匿名性让发布者勇于表达自己的观点,但另一方面,由于匿名发布者可以不负责任地发布信息,甚至是带着强烈个人情绪、扭曲的价值观念的言辞,就给一些机构和个人恶意歪曲、误导当代大学生提供了可能。

3. 开放性强,价值性弱

自媒体由于其不受空间与时间限制的特点,使得其开放性越来越成为它的一个重要特征,信息传播可以在不同种族、性别、地域、时间之间进行,形成高度开放和自由的信息网络,为整个民族或全球的思想文化交流提供平台。自媒体提供了一个可以跨越现实鸿沟的可能,现实中处于弱势或底层的用户通过自媒体平台找到了自身的价值,为世界带来了越来越多的可能性。由于自媒体中的信息过于巨大,导致人们在接收信息时更多地偏向接收那些简单明了、碎片化的信息,而不是真正有价值的信息。这就会导致信息发布者为了迎合大众口味,会按照用户的喜好发布内容,进一步加剧了自媒体内容碎片化。自媒体平台作为一个新生事物,大量接触它的网民都是抱以猎奇或娱乐的心态使用。因此有些自媒体账户为了博得大家关注,经常发布无营养、无价值的恶搞内容,而自媒体运营商为了吸引用户,通过大数据推算用户的个人喜好,反复向用户推送用户可能会点击观看的内容,而网民对于娱乐、美食、体育等相关话题的热情总是高于政治或社会事件。在具有影响力的自媒体账号中,娱乐板块占比80%以上。传统媒体作为一个社会主流价值观引导者的作用在自媒体中还未能显现出来,全民娱乐化的心态使得一些原本需要认真对待的领域也逐渐走向娱乐的泥沼。

4. 操作性强,兼容性弱

随着自媒体软件的不断更新,自媒体发布的内容从文字到声音、图片、影像不断进步,使得人们在虚拟空间拥有更为真切的代入感,自媒体的形式由平面变得立体、由静态到动态,制作更加精美,可操作性不断增强。同时自媒体平台使用门槛低、成本低,一台接入网络的智能终端,入门不需要任何专业知识,每个人都可以成为自媒体账户的运营者。正是由于过低的准入门槛,导致自媒体环境下网络信息良莠不齐,庞大的信息反而将真正有价值的信息湮没,大量的垃圾信息也会麻痹用户的理性感官。有人用自媒体抒发感想,有人关注政治热点,有人追娱乐新闻,有人单纯记录自己的生活。自媒体中发布的内容可信度较低,编辑发布的过程通常比较草率,导致整个自媒体平台的价值取向、道德水准无法保障。娱乐化、低俗化、随意化的信息处理模式会造成整个社会的"失智",使一些网友聚集在网络上进行乌托邦式的狂欢。自媒体的信息接收方式倒逼传统的新闻媒体也要改变其叙事方式才能生存下去,低俗新闻泛滥、标题党盛行,形成恶性循环。同时对于自媒体管控的相关法律法规还不完善,对平台监管的法律较多,对自媒体账户本身的监管较少。如何规范和引导自媒体良性发展,寻求二者之间利益最大化,在我国还需要一个久久为功的过程。

(二)自媒体的属性探究

1. 即时通信属性

通信是自媒体的主要属性之一,也是其创立之初吸引用户关键之所在。自媒体通信最早为普通民众打开了互联网的大门,让人们认识到这种不受时间、空间、场合所限制的交往方式与联络方式。传统的通信方式属于显性通信,而互联网通信属于隐性通信,面对电脑屏幕,你可以完全隐匿自己的身份、姓名、性别等个人信息。同时自媒体平台上类似"兴趣小组"之类的圈子让一些有共同爱好和兴趣的人聚集在一起讨论,实际上是扩大人们的交往边界。同时,通过在类似"朋友圈""QQ空间"之类的自媒体平台上发布自己的生活近况或关注别人发布的内容,可以及时掌握亲人朋友最近的生活状态等信息,即使没有交流,实质上也达到了交流的效果。人们对自媒体通信属性的需求依旧是最核心、最本质、最强烈的需求。

2. 娱乐属性

自媒体的娱乐属性也是其吸引用户的关键之一,自媒体创立之初就带有一些与好友互动的小游戏,如"偷菜"游戏甚至在全国风靡。微信除了即时通信的功能外,通过共享媒体内容和LBS功能进入"朋友圈""漂流瓶""摇一摇""小游戏"等插件,让用户获得更有趣的体验,版本的不断更新以及"小程序""视频动态"等功能的添加,更是让人们在学习工作之余有很多娱乐手段,因此深受广大用户的喜爱,特别是成为大学生的新宠。抖音、快手短视频类自媒体平台出现之后,更是成为大家茶余饭后娱乐的重要工具,在地铁、公交车上,随处可见人们拿着一部手机看短视频,甚至有人沉迷于此,造成一定的负面影响。短视频不仅因其内容有趣、涉猎广泛深受大家喜爱,其15秒视频的设定更是符合当前人们碎片化的阅读需要,同时随时随地拿出手机就能观看的便捷性,也是当前自媒体娱乐属性的重要支撑。

3. 信息传播属性

自媒体的本质是信息的获取与发布,人们通过自媒体平台获取自己想要的资讯,同时通过自己的自媒体账号发布自己想要分享的消息。自媒体的出现对信息的传播具有革命性的意义:一方面,相对于之前的信息传播手段,自媒体的影响力更加广泛,传播与获取也更加便捷。另一方面,自媒体打破之前媒体机构对信息的垄断,形成"人人皆媒体"的新局面,信息传播不再是自上而下的单向传播,而是具有交互性和自主性,新闻传播速度甚至比官方媒体更加及时。

4.舆论监督属性

知屋漏者在宇下,知政失者在草野。自媒体打破了官方与群众之间意见表达的界限,官方设立的自媒体账号,使得公权力的运行更加公开透明。通过官博等自媒体账号发布的内容,群众进一步了解政策法规设立与执行的情况,同时通过群众的评论互动,官方也能够了解民意,为决策者提供民意参考。自媒体的出现打破了官方媒体的话语垄断,使基层民众的话语权进一步得到彰显,有效地推进了某些事件公平合理的解决,自媒体平台的社会监督属性也日益凸显。

三、自媒体的意识形态功能

自媒体环境是当前高校意识形态建设的时代境遇,自媒体作为当前高校学生使用最为广泛的传播媒介,其特征功能有很多与高校意识形态建设相适应。充分发挥自媒体的意识形态功能既是丰富高校意识形态建设的理论基础,也是形成社会主义意识形态对当代大学生吸引力的方法论基础。自媒体的意识形态功能主要体现在以下三个方面。

首先,自媒体的信息资源库功能。当前人们的阅读习惯已经从纸质阅读转移到线上阅读,意识形态传播也应顺应受众的改变而做出改变。在传统的意识形态传播方式中,课堂是主要渠道,课本是信息主要来源,这就导致在非规定的时间地点,意识形态的传播就会受到干扰和限制。自媒体的意识形态功能首先体现在其可以作为意识形态资源的储备库,不仅容量大、信息全、内容新,还不受时间和地点的限制,随时为学生提供取之不尽用之不竭的学习资源。习近平总书记在指导思政课改革创新时提到要"坚持显性教育和隐性教育相统一",既要有课堂的理论灌输,也要有课外的渗透补充,自媒体就是思政课课外渗透补充的最佳平台。将思政资源放在自媒体平台上供学生自主学习,既保障了学生不用浪费时间在网上甄别有价值的信息,又能锻炼学生的自主学习能力与团队协作能力,可以作为我国主流意识形态传播的主要辅助手段。

其次,自媒体的政治参与功能。自媒体的出现拓宽了公众政治参与的渠道,自媒体的出现为公民自由表达政治观点、行使政治权利、进行政治参与拓宽了渠道,而且比之前的政治参与方式更加便捷、有效。自媒体为公民获取政治信息拓宽了渠道,一定程度上消除了之前由于信息不对称而造成的政府与群众之间的误解。自媒体为政府收集民意拓宽了渠道。在自媒体平台中,用户可以自由对政治或社会事件表达关注、发表观点,这有利于国家政策制定者了解民意,可以集中力量解决群众最为关切的问题,及时处理大家关心的热点事件,制定出最符合民意的解决方案。自媒体的出现极大地鼓励了尚在校园中的学生了解政治、参与政治的热情,通过自媒体对政治事件关注发声,也有助于学生培育自身的政治意识,当然这一过程中还要得到正确的引导,以免学生在偏狭的观点煽动下走向歧途。

最后,自媒体的社会动员功能。社会动员是指能够调动社会公众参与,集合有限资源投入某一特点领域。自媒体因其使用人数广泛、覆盖领域全面、信息更新及时、多项互动频繁,因此具备了天然的社会动员功能。但是,自媒体的社会动员功能如果不加以约束,很容易出现信息失真和负面动员的效果,因此一定要重视和警惕。这就要求高校意识形态建设中要有一支既熟悉马克思主义基本原理又了解自媒体的专业队伍,同时要求高校在意识形态建设中要关注学生的思想动态,立足现实生活,回应现实生活中的热点问题和学生关切,这样才能提高动员质量,保障建设实效性。

第二节　自媒体对我国高校意识形态
建设的积极影响

自媒体环境下,我国高校意识形态建设的环境也发生着深刻而复杂的变化,高校意识形态的建设内容、建设渠道、建设环境、建设队伍都逐渐向着多元化的复杂方向发展。高校应跟随时代的脚步,抓住自媒体环境下我国高校意识形态建设的发展机遇。

一、有助于建设内容丰富深化

阿尔都塞指出,在众多的意识形态国家机器中,教育意识形态国家机器发挥着最大的作用。美国当代著名教育家迈克尔·阿普尔则指出:"教育和不同的文化、经济和政治力量总是不可分的有机联系体。"①教育是我国意识形态传播的主要渠道,国家通过在大中小学相继开设思政课程,向青少年传播社会主流意识形态。随着中国社会历史进程向前推进,意识形态建设内容也要与时俱进,自媒体的出现为丰富我国高校意识形态教育内容提供了难得的机遇。

其一,自媒体增强了我国主流意识形态内容的吸引力与凝聚力。我国主流意识形态内容的吸引力与凝聚力是保障大学生坚定社会主义理想信念、认同价值规范、遵循法律法规的关键。增强主流意识形态的吸引力与凝聚力是党和国家一直以来高度重视的重要工作之一,随着改革开放与经济全球化不断深入,在人们的生活方式深刻变革,利益关系深刻调整的情况下,应充分发挥我国主流意识形态内容的吸引力与凝聚力。自媒体的出现

---

① 迈克尔·阿普尔等:《官方知识:保守时代的民主教育》,曲囡囡、刘明堂译,华东师范大学出版社,2004,第10页。

提供了新的发展动力,为我国主流意识形态增强吸引力与凝聚力提供了新的机遇。一方面,自媒体的出现为我国主流意识形态理论创新搭建了新平台。理论的创新需要思想的交流碰撞,之前理论的创新平台主要集中在学术杂志、高效课堂等传统信息媒介中。但当前随着信息化、全球化、网络化不断推进,传统媒介理论创新的速度显然赶不上现实的需要,而自媒体以其即时互动、裂变式传播的特点,为新时代主流意识形态理论创新提供了机遇。另一方面,自媒体的出现为我国主流意识形态整合搭建了新平台。"社会主义意识形态的吸引力和凝聚力,突出地表现在对社会的整合与凝聚上。"①自媒体将民意、观点、信息融合为一体,成为整合社会意识形态最理想的工具。自媒体已经成为当前大学生获取信息的最主要渠道,无论是朋友圈还是微博"热搜""超话"等,反映的都是当下最热门、最受人瞩目的信息。可以说,当前社会舆情绝大部分是从自媒体中成长起来的,一些舆情如果得不到正确的引导,很容易形成谣言影响现实的社会,形成"舆论事件"。但自媒体的发展有其自身的规律,只要把握这一规律,就能增强舆情的调控能力,有效控制舆论的发展走向。当前,党和国家已经越来越重视自媒体平台对社会意识形态的整合功能,以《人民日报》为代表的各级党委、政府的官微、官博、公众号等在群众中的公信力逐渐提高。

其二,自媒体的出现增强了我国高校意识形态的教育实效。首先,对于高校意识形态建设内容来说,自媒体的应用极大地提高了信息传播的效率,海量信息可以瞬间通过自媒体平台传给受教育者,这种速度的优势是传统教育无法比拟的。教育内容除了书本上的理论知识外,还可以增加对时事的即时评论、对热点问题的理论回应等。除了教师外,学生也可以发表自己的观点、看法、评论,这些都是非常好的教育内容。其次,从教育过程看,通过智能终端设备和自媒体平台,教学手段会更加丰富,教学过程更加精

---

① 颜晓峰、王玉周:《以人为本与社会主义意识形态的吸引力和凝聚力》,《思想政治工作研究》2009 年第 5 期,第 9 页。

彩,音频、视频的运用可以更加有效地调动学生的视觉、听觉、感觉器官,提高学习效率。教学过程不再受时间空间的限制,国内外的热点新闻可以随时在自媒体平台上学习、讨论,如党的许多重要会议刚开完就在自媒体平台上传出电子版内容,极大地提高了学习时效。最后,从教育接受性来说,在自媒体平台中可以不再使用课堂上枯燥刻板的语言,真正贴近学生生活,用他们想要听、能听懂的语言拉近师生间的距离。另外,自媒体是一个互动的平台,无论是教育者还是受教育者都可以发表观点,有利于真正实现师生间平等交流、良性互动。

二、有助于建设渠道拓展创新

高校意识形态传统教育包括多种渠道,如在固定场所进行定点教育,思政课教师通过在课堂上讲授相关知识进行意识形态教育、辅导员通过在办公室与学生谈心了解其思想近况,因为受固定地点的限制,前者缺乏针对性,后者又不具有普适性,并没有多少创新的空间。再比如通过纸质档案记录学生思想的变化以进行有效引导,但学生的思想并不能完全真实地反映到纸上,即使这种记录有一定价值,但学生的思想瞬息万变,很难及时掌握并因势利导制定引导措施。其他渠道还包括假期社会实践或红色基地教育等,这种渠道更受到时间、精力、场地的限制,覆盖面很小。自媒体的应用能够有效解决以上这些困境:首先,自媒体摆脱了时间与空间的限制,它不再需要固定的场所和时间,只要师生手边有智能终端,就能随时进行交流解惑;其次,自媒体平台丰富了教育形式,从单纯的说教转向视频、音频、文字多维度的组合,对学生的影响更为直接,更具有实效性;最后,当今大学生日常生活越来越离不开自媒体平台,这为意识形态生活化提供了良好的契机。在自媒体平台中,信息量是过去纸质媒介的数百倍,且信息不再是由教师向学生的单向传递,更是师生间相互交流的双向互动,在学生自己的探索中,教师更多地扮演了一种引导者的角色,让学生自己发现生活的真理才能更加深入人心。

我国高校传统的意识形态教育方式包括课堂讲授法、课下谈话法、社会实践法、榜样激励法、环境熏陶法等，随着教学改革的不断推进，一些新的教学方法也不断应用到教学实践当中，一定程度上丰富了意识形态教育的方式。但从整体来看，课堂讲授法通过讲述马克思主义基本原理与中国特色社会主义相关理论，很容易将课堂教学办成一种填鸭式的灌输。就当前思政课现状来看，一位思政课教师往往要面对二百人左右的大课堂进行教学，除了前排少数认真听课的学生外，后排有些学生不听课，各干各的事，思政课教学效果也难免受到影响。课下谈话法、社会实践法、榜样激励法、环境熏陶法等其他教学方法收效甚微，多媒体应用到教学方法当中一定程度上丰富了思政课堂，但随之而来的问题是很多教师过度依赖 PPT，陷入离开PPT 已无法教学的窘境。自媒体的出现为丰富我国高校意识形态的教育方式提供了巨大的空间，一方面，自媒体使得教育者的表达更加多元化，不再局限于传统的书面语言或课堂表达，也可以通过大学生喜闻乐见的网络用语发布内容，让学生更易于接受、乐于接受，无形中拉近了师生之间的距离，教育从说教变成一种交流。另一方面，自媒体教学手段更加多样，教学不限于课堂上，也可以出现在微博、微信、抖音等学生日常使用的自媒体平台上，教育不再受时空限制，而成为一种随时随地的即时化影响。例如福建师范大学团委以卡通的"小葵花"作为其官方公众号的标识，由于其官方公众号深受学生的喜爱，每个学生都以"小葵"自称，潜移默化中接受这一公众号发布的正能量内容，这种发自心底的信服与认同是传统教育模式无法企及的效果。

三、有助于建设环境协同优化

自媒体对生活的影响体现在方方面面，其同样对我国高校意识形态建设的国内外环境产生积极影响。就国际环境而言，自媒体为引领我国主流意识形态走向世界提供机遇。西方利用传统政治、经济、技术方面的优势，长期在网络平台中占据垄断地位。自媒体的出现改变了传统信息单向传播的模式,单个人发布的内容所有人都能看见,这客观上为打破西方意识形态垄断、引领我国主流意识形态走向世界提供机遇。传统西方媒体对于意识形态的垄断主要是通过制定规则、控制舆论、兜售西方价值观等手段,但自媒体的出现使得西方对信息的垄断再也无法实现,为我们抵御西方意识形态渗透提供了可能。不仅在防御方面,我们甚至可以利用领先世界的5G与电信技术打开我国主流意识形态走向世界的大门,向世界讲述中国故事,表达和平与发展的基本理念,让世界听到中国声音,为世界发展提供中国方案。自媒体出现之前世界想要听到中国的声音主要是通过外交渠道,或依据中国的主流报刊媒体,影响力非常有限。而如今自媒体的出现拓宽了我国主流意识形态走向世界的渠道,中国有全世界数量最为庞大的网民,有全世界规模最大的网络基础设施,在此基础上,每个自媒体都成为世界了解中国的一个窗口。自媒体以其海量、分散、即时、无界、互动的特点,促进中国在国际舆论中的话语权不断提升。虽然马克思主义在国际间传播仍有一定的现实困难,但随着我国自媒体平台的不断拓展与技术的不断成熟,中国声音一定会在国际上传播得愈加广泛。中国的两会、《习近平谈治国理政》等,开始在《人民日报》等的官方自媒体平台以多国语言、多种形式向全世界发布,有助于世界更好地了解中国的国体与政体,消除误解与偏见。

就国内而言,主要表现在进一步提升了我国主流意识形态的领导权、管理权、话语权。高校承担着立德树人的根本任务,也是各种意识形态交锋的前沿阵地。习近平总书记在党的十九大报告中强调要"牢牢掌握意识形态工作领导权"①。只有掌握了高校意识形态领导权,才能在日常科研教学工作中坚持马克思主义的基本立场,坚持中国特色社会主义先进文化的发展方向;只有掌握了高校意识形态管理权,才能掌握意识形态的斗争阵地,保障培育和践行社会主义核心价值观,培养出德智体美劳全面发展的人才;只有掌握了高校意识形态话语权,才能进一步引领社会思潮,营造健康有序、

① 《党的十九大报告辅导读本》,人民出版社,2017,第41页。

和谐稳定的校园环境。自媒体环境下要善于利用先进技术为维护意识形态"三权"保驾护航。

首先,自媒体作为意识形态载体能够便捷有效地将意识形态教育内容传播到用户手中,有助于用户在自媒体平台中坚定政治立场,维护高校意识形态领导权。自媒体平台中思想多元化趋势明显,各种思潮互相激荡,面对复杂的意识形态状况,高校党委要以积极的姿态主动介入、查缺补漏,当好风向标,做好掌舵人,在自媒体平台中要旗帜鲜明讲政治,弘扬意识形态主旋律,增强"四个意识",坚定"四个自信",为维护高校意识形态的管理权与话语权打下坚定的政治基础。

其次,自媒体中更容易树立政治权威,维护高校意识形态管理权。自媒体平台为高校党委进行思想政治建设提供了重要机遇,有效地帮助实现高校意识形态建设主体与客体之间的良性交流与互动,对搜集、整合、反馈校园舆情提供了新工具,对实现在自媒体中对学生进行正向引导提供了新方法。

最后,自媒体平台有助于在社会舆论中进行价值引导、扩大政治影响,维护高校意识形态话语权。要不断创新话语模式,用高校学生喜闻乐见的话语形式表达意识形态内容。争取贴近学生生活,采用图文结合的方式在校园官方微博、公众号平台中发布信息,全方位打造有利于高校意识形态建设的网络生态环境。

四、有助于建设队伍能力提升

当前西方凭借其在经济全球化过程中的优势地位,依然在世界范围内不断向不同国家灌输他们自己的价值理念。正如马克思所说:"统治阶级的思想在每一个时代都是占统治地位的思想……支配着物质生产资料的阶级,同时也支配着精神生产资料。"①特别是对大学生而言,先进的网络技术

---

① 《马克思恩格斯选集》(第1卷),人民出版社,2012,第178页。

使得当代大学生广泛接触西方的电影、音乐、杂志、报刊等内容,潜移默化中会影响他们的价值理念与意识形态。自媒体成为打破西方意识形态垄断、抵御西方意识形态攻击与渗透的有力武器,而我国高校意识形态建设队伍就是这些武器的使用者与执行者。

自媒体的出现提升了我国高校意识形态建设队伍的信息化水平。对于思政课教师而言要通过掌握网络技术,探索自媒体教学的规律与特点,以自媒体形象、生动、多元的特点增强我国主流意识形态的渗透力和感染力,才能上好思政课,促进大学生对我国高校意识形态的认同。习近平总书记强调,思政课要实现显性教育与隐性教育相统一,自媒体平台的运用为高校意识形态认同开拓了更广阔的渠道,提供了更多的路径选择。除了各类政府网站、机关单位网站外,近年来官微、官博等官方自媒体平台在群众特别是大学生中威信逐步提升,成为大学生获取资讯的主要渠道。自媒体发布的相关内容,将主流意识形态与价值理念融入日常生活的相关评论报道,潜移默化中加强了对大学生的隐性意识形态教育。

对于辅导员而言要通过自媒体中的海量信息,将学生的思想与行为量化,准确掌握学生的思想动态与价值取向,并对学生的行为选择做出科学预测,才能更好地了解学生现状,利用自媒体平台为现实中的"学生画像"。同时,自媒体平台与传统的意识形态传播平台最主要的区别在于其开放性,自媒体平台发布的内容每个参与人都可以看到,其公开透明的特性使其更具公信力。在自媒体平台,大学生可以表达不同的声音,发表自己独立的思考与见解,辅导员也可以发表自己的思考与见解,对学生关注的问题进行正向引导与学理阐释。霍布斯曾经说过,真理是不会在任何一场自由的争论中落败的。马克思主义是真理性与价值性的统一,其真理性只会在不断的争论中愈加凸显,并且通过争论所得到的真理才是学生真正认同的真理,在自媒体平台中的讨论只会更加增进大学生对高校意识形态建设队伍的认同。同时,大学生对自媒体的接受程度、依赖程度逐渐提高,辅导员采用他们喜闻乐见的形式也会进一步增强他们学习和接受意识形态的积极性与主动性,起到事半功倍的效果。

对于高校意识形态建设者来说,自媒体信息传播具有海量、多样、即时、易逝、人人媒体的特点,使得每一位自媒体的使用者成为信息的选择者,而不只是单纯的被动接受者,这种信息的选择反向推动高校不断提高意识形态建设的质量,高质量的内容与学生喜闻乐见的形式相结合才有可能被学生所选择,继而所接受。如近年来各个高校官微与公众号平台中的内容就越来越贴近学生的生活,越来越生动、深刻、有内涵,逐渐使学生在潜移默化中受到正向激励。

第三节　自媒体对我国高校意识形态
建设的消极影响

党的十九大报告对我国意识形态领域的斗争形势做出了科学研判,指出当前"意识形态领域斗争依然复杂,国家安全面临新情况"[①]。而这些新情况中,自媒体起到了推波助澜的作用。可以说,自媒体环境直接或间接地为我国高校意识形态建设带来了许多挑战,主要包括对我国高校意识形态的建设内容、建设渠道、建设环境、建设队伍带来的挑战。

一、冲击了原有建设内容的主导地位

只有找到自媒体对我国高校意识形态内容的具体影响,才能对症下药、标本兼治,提出趋利避害的具体措施。由于自媒体平台的开放性、隐蔽性与多元性,因此其对于意识形态内容的影响因素更加隐蔽,难以把握。鉴于赤裸裸地进行意识形态渗透的计划太过明显、难以奏效,当前西方在自媒体平台中别有用心地利用一些更为"巧妙"的方式干扰我国高校学生的意识形态

---

① 习近平:《习近平谈治国理政(第三卷)》,外文出版社,2020,第2页。

塑造,以达到其不可告人的目的。正如西方学者阿兰·伯努瓦提出,一件有利于理解文化全球化性质的新奇事物,即资本主义卖的不仅仅是商品和货物,它还卖标识、声音、图像,长期统治着思想领域并占据着交流空间。这些内容通常包括三种:其一是利用学术外衣伪装意识形态观点,如历史虚无主义中常见的编造历史故事抹黑英雄人物的文章,通过对英雄人物的诬蔑解构学术的爱国主义情怀,不仅偏离了学术要求求真、求实的本质特征,更容易迷惑理论功底差、好奇心强的大学生们;其二是利用娱乐化的外衣传递意识形态观点,如西方电影中经常出现的个人英雄主义,强调"自由""民主""人权"等看似无可非议的价值伦理,实际上他们隐藏了背后的资产阶级立场,这些观点只有站在资产阶级的立场看待才有意义,而站在无产阶级立场看则是漏洞百出,但当代大学生很难思考到这个层面,因此很容易陷入对手设下的陷阱;其三是利用意见领袖引导舆论导向,这些人实际是西方敌对势力在自媒体平台中的代理人,他们凭借捏造一些吸引眼球的内容引起大学生的关注,并时不时发布一些攻击我国主流意识形态的内容,并以"众人皆醉我独醒"的状态自居,当有社会热点事件发生时,这些所谓的"意见领袖"便开始了他们的表演,不断在自媒体平台上散布谣言,控制舆论走向,误导大众。

此外,自媒体的应用对高校意识形态建设内容的消极影响还体现在对马克思主义的指导地位形成冲击。巩固马克思主义的指导地位是我国高校开展意识形态构建的主要目标,立德树人的关键也在于坚定马克思主义立场,保证社会主义方向不动摇。但是,自媒体中张扬个性、拒绝束缚、个人中心主义的特点对马克思主义的指导地位形成一定冲击。

首先,自媒体"去中心化"的特点削弱了马克思主义意识形态的控制力与影响力。自媒体中充斥了多元的意识形态和价值理念,并且每个人都很容易接触,这考验着马克思主义意识形态的管控力。特别是自媒体平台中个性化、自主化的趋势,使得大学生的思维习惯变为根据自身的需要、理解、阅历等选择想要接收的信息,并通过阅读、过滤和加工转化为属于自己的思想。可见传统的自上而下灌输知识的方式已经不符合当前的接受规律，继续采用这种方式很容易适得其反。

其次，自媒体"碎片化"的特点削弱了马克思主义意识形态的系统性与针对性。传统媒体中对于主流意识形态的传播是非常严肃、系统、规范的过程，而自媒体中缺乏维系这种严肃、系统、规范的条件，加上审核的困难，使得自媒体中的信息呈现出"碎片化"的特点，且极不负责任，"大量流行的网络话语，都是以颠覆传统政治语言或是社会语言为初衷的"①。这种情况下，很难在自媒体中开展系统性、针对性的主流意识形态传播。

最后，自媒体"娱乐化"的特点削弱了马克思主义信仰。习近平总书记曾多次强调，"对马克思主义的信仰，对社会主义和共产主义的信念，是共产党人的政治灵魂，是共产党人经受住任何考验的精神支柱"②。信仰危机问题在自媒体平台中表现得更为突出，有些缺乏信仰、精神迷茫的人在现实生活中不敢表达，但在自媒体平台上就敢大放厥词，甚至以嘲讽马克思主义为荣，以彰显自己的"独特"个性，这更容易影响当前正处于意识形态塑造期的大学生们。

二、分散了原有建设渠道的集中优势

高校意识形态建设渠道既要遵循传播学的规律，又要符合意识形态建设规律。自媒体对我国高校意识形态建设渠道的消极影响主要体现在自媒体要求我国高校转变旧的意识形态建设渠道，从而分散了我国高校意识形态传播的集中优势。

长期以来，高校已经形成了一套完整成熟的意识形态传播载体，这种传播模式是以高校党委领导下的意识形态建设队伍为主体，以思政课堂为主

---

① 张再兴：《网络思想政治研究》，经济科学出版社，2009，第346页。
② 习近平：《紧紧围绕坚持和发展中国特色社会主义 学习宣传贯彻党的十八大精神》，《人民日报》2012年11月19日，第1版。

要载体,书籍、报刊、校园宣传栏等为辅助载体。这种模式在很长的一段时间里符合中国的具体国情,也发挥了一定的作用。自媒体时代的到来,对我国高校意识形态传播载体提出了新的要求。首先,对意识形态传播主体来说,很长一段时间里由于我国传播技术的落后,国家宣传部门掌握着独特的宣传资源与传播技术优势,因此在传播过程中自带权威与统治力。而自媒体平台的出现使得传播技术取得了突飞猛进的进步,自媒体"结束了信息传播过程中传播机构与个人之间的各种各样的依附关系"①。自媒体环境下传播主体开始趋向于平等化与多元化,传播模式面临着从扁平型向立体型转变的挑战。其次,传统的意识形态传播话语主要出现在高校课堂,是"精英化"的话语,一般大众很难接受。而自媒体环境下随着海量信息在自媒体平台中流动,人们的阅读习惯与阅读兴趣发生了很多变化。过去那种晦涩难懂的知识话语很难再吸引人们的阅读兴趣,相反大众化、通俗化的表达方式常常受到人们的青睐。列宁曾指出:"最高限度的马克思主义＝最高限度的通俗化。"②如何将我国主流意识形态表达得通俗易懂、学生喜闻乐见是自媒体环境下高校意识形态传播的另一重要挑战。最后,对于意识形态传播模式来说,传统传播模式采用一种显性灌输的方式,但随着自媒体环境下受众对于信息的选择不断多元化,这种显性灌输的方式往往会让受众反感,传统传播方式显然已经不符合当下的受众接受性规律。如何改为隐性的、多样性的传播模式,是对高校的又一个巨大挑战。

集中优势是传统主流意识形态传播取得实效的关键所在,自媒体分散了原有建设渠道的集中优势。意识形态内容是伴随着其他人们关注的信息一同传递出来的,所以在群众中能够始终保持非常高的关注度。自媒体时代的到来,使得人们获取资讯的途径不断拓展,当人们不再需要从主流意识

---

① 隋秀英:《新媒体时代马克思主义大众化传播研究》,《理论界》2014 年第 8 期,第 3 页。

② 《列宁全集》(第 36 卷),人民出版社,1985,第 467 页。

形态传播机构获取资讯,意识形态还能否获得往日的关注度值得商榷。正如有学者所担心的那样:"在多元信息环境中,人们对信息的态度由饥渴转向疲劳,因此激发和维系注意力成为当今社会最重要的稀缺资源之一。"①一方面,自媒体的出现吸引了大量用户,传统媒体受到的关注度越来越低,但传统媒体依然是传播主流意识形态的主渠道、大本营,传统媒体受到的关注度越低,对意识形态传播的影响就越大。另一方面,在自媒体中想要获得对主流意识形态的关注度,难度比在传统媒体中大得多。随着"个人传播时代"的到来,每个人都可以在自媒体中表达观点、发布内容,同时每个人也可以在自媒体中自由选择想看的内容,如何将主流意识形态的内容表达得符合当代网民的审美需求,又不落俗套,避免过度庸俗化、娱乐化的倾向,是自媒体中意识形态传播的又一大挑战。

三、弱化了建设环境的防范能力

自媒体环境下意识形态的传播环境发生了翻天覆地的改变,当前自媒体对我国高校意识形态建设环境的消极影响是传统意识形态传播方式与当前自媒体带来的传播环境的矛盾造成的。

一方面,自媒体降低了高校对主流意识形态传播环境的管控力。管控力是保障意识形态建设效果的关键环节,传统媒体中管控力的保障比较完善,但在自媒体环境下却突显出"软件跟不上硬件,管理跟不上发展"②的重要问题。首先,在自媒体环境中缺乏"把关人"的角色。由于自媒体平台中的每个用户都可以自由发表内容,导致发布的内容良莠不齐,一些不经审核、不符事实的谣言也会在自媒体平台上广为流传。自媒体如今已经成为信息汇聚的集散场,也是网络谣言、舆论风波的中心,正是因为自媒体平台

---

① 何国平:《微传播带来的机遇与挑战》,《思想政治工作研究》2010 年第 4 期,第 18 页。

② 吕治国:《略论新媒体环境下马克思主义大众化的传播路径》,《思想理论教育导刊》2011 年第 9 期,第 40 页。

中缺乏有效管控,为消极舆论滋生提供有利条件。其次,海量信息冲淡有效信息。自媒体环境中信息丰富是其一大优势,但同时一些毫无营养的信息也会充斥其中,我们想要找到有效信息首先要排除垃圾信息和无效信息的干扰,否则会受误导做出错误的判断。最后,自媒体环境建设显然无法跟上意识形态传播的现实需求。要在自媒体环境建设中占得先机,就必须有自己的阵地,当前各个高校的官微、官博相继建立起来,但由于建立时间较晚,影响力远远达不到意识形态传播的需求。特别是各个高校中针对自媒体意识形态阵地建设的人才、资金、技术、重视程度还不够,离吸引学生、引导学生、规范学生的要求还相去甚远。

另一方面,自媒体环境下西方意识形态渗透的风险提高。在自媒体环境中,某些西方国家凭借着自身掌握的技术优势对我国进行意识形态渗透。在经济领域宣扬所谓的"新自由主义";在政治领域宣扬所谓的"民主""法治"精神,不断通过宣扬"藏独""港独"内容干涉我国内政;在文化领域宣扬"历史虚无主义"等,并通过在自媒体平台上寻找代理人,培养或收买一些所谓的"意见领袖""网络大 V",对正处于价值观初步形成阶段的大学生施加影响。另外,在自媒体环境中意识形态渗透的形式更加隐蔽,可以打着文化、娱乐产品的外衣进行伪装,一些公众号文章或短视频中就包含了西方的价值符号,但让人不易察觉。特别是西方在游戏和影视领域的技术优势,更使得他们将反映自身政治、经济、文化、宗教的主张以游戏、影视、光碟的形式通过自媒体传播至中国,尤其是大学生群体。由此可见,自媒体环境下西方意识形态渗透的风险依然不容小觑。

四、降低了建设队伍的领导权威

自媒体对我国高校意识形态建设队伍的消极影响主要在于自媒体的出现冲击了传统教育模式,而高校意识形态建设工作者们能否适应新的工作模式成为高校意识形态建设的主要挑战。传统的教育模式是包括高校意识形态教育的要素构成、运行机制以及后续的反馈调节的总称。其中要素包括教育者、被教育者、教育内容、教育方式等,运行机制是指教育者如何通过教育方式将教育内容灌输给被教育者,以达到最初的教育目标,反馈调节指的是通过教学活动的反馈进一步调节制定相关的政策规定。自媒体对传统教育模式的冲击主要包括两个方面:一方面是传统的教育模式下,以包括思政课教师、辅导员或党委部门的工作人员为代表的教育者是教育主体,国家政策制定或高校教学安排都是围绕教育者这一主体进行的。在自媒体环境下,学生也掌握了发表意见的权利,教育主体的权威与话语权进一步被削弱,但高校中依然按照传统的教育模式运作,其中的平衡进一步被打破,这就造成了现实与预期的差距。另一方面传统的教育模式是一种自上而下的纵向关联,从教育部制定教学计划大纲到省教育厅再到高校一层层往下执行。这种模式中处于上游的规则制定者有绝对的权威,制约着下面的被教育者可以学什么内容。但自媒体环境下这种纵向关系开始向横向拉扯,学生可以在自媒体中选择自己想要看到的内容,在自媒体中他们相互影响,教育者必须根据这一现实来改变自己的教学方式,不然则不能满足学生的现实需要,这是自媒体环境对高校意识形态教育的另一冲击。

除了自媒体带来的冲击之外,自媒体环境还对高校意识形态建设队伍提出了新要求。

首先,知识结构方面的新要求。面对新形势,高校意识形态建设队伍的知识结构也应随着外界环境的改变而改变,传统的知识结构显然不足以应对自媒体时代的到来。除了传统意义上的专业理论知识、教育理论知识、党的政策法规等方面的知识外,还要求教师们掌握一定的互联网知识和技能,才能在与学生的交流中拉近距离。另外要求教育者的知识面必须宽而博、博而精,因为自媒体带来的知识共享,使得学生可以自己在自媒体平台上搜到同样的教育内容,如果教师不能有更深入独到的见解甚至自己都不知道这些内容,则很难在学生中树立威信。

其次,道德素养方面的新要求。自媒体环境下,教师个人的生活也会在自媒体平台被无限放大,如果教师不能够以身作则、为人师表,则很难用自己的人格魅力去影响、熏陶大学生。如果教师本身道德上有瑕疵,更会影响学生对这一学科的整体看法,甚至对社会主流意识形态产生抵触情绪,这会造成非常严重的后果。

最后,工作能力方面的新要求。自媒体环境下,东西方意识形态交锋已从公开转向隐蔽,这客观上要求教育者不断提高自身抗腐蚀、抗干扰的能力,进一步加强辨别、筛选有害信息的能力。同时,教师队伍要提高与学生线上交流的能力,将深刻的道理用学生能听懂的话讲出来,让这些理论真正走进学生心里,化为其行动的指南。这就对教师的表达能力提出了更进一步的要求,包括面对突如其来的问题随机应变的能力,优秀的反应能力反映的不仅是教师个人的机智,更代表了整个意识形态建设队伍的整体素养,教师队伍的形象与威信就在这一次次交流中逐步树立起来。

第二章 自媒体环境下我国高校意识形态建设的主要任务与意义

党的十八大以来，世情国情党情发生了深刻的变化，但意识形态始终是我党高度重视的工作，考察意识形态理论的不断丰富和发展，对应对新时代意识形态面临的挑战具有积极的意义。随着自媒体的迅速普及和发展，我国积极拓展网络媒介的意识形态建设，除了借用自媒体强化现实社会的主流意识形态的影响以外，也在不断构建和丰富创新高校意识形态建设，并对自媒体环境下高校意识形态建设的主要任务提出新的要求。

第一节　自媒体环境下我国高校意识形态建设的紧迫性

自媒体已经成为当代大众传播的最新载体，它拥有传统媒体所具有的意识形态功能，并在意识形态的话语权、管理权、主导权方面发挥着巨大的作用，在构建新型的意识形态建设中起着关键作用。高校是意识形态建设的前沿阵地，是坚定马克思主义理想信念、坚定共产主义信仰的重要教育场所。大学生作为社会主义的接班人，他们的思想影响着整个社会未来的发展。在自媒体环境下，自媒体已经与大学生日常生活深度融合，这不仅仅给大学生的生活带来了便利，同时也给正在塑造科学世界观的大学生带来了一定的影响。因此，增强自媒体环境下高校意识形态建设的实效性与针对性十分必要且紧迫。

一、自媒体已与大学生日常生活深度融合

无论是知识与资讯的获取,还是与亲朋好友沟通交流的需求,抑或是利用自媒体平台支付、转账、消费等现实功能的实现,自媒体早已成为当代大学生不可或缺的生活工具,甚至成为他们生活的一部分。马克思对共产主义社会的构想是:"代替那存在着阶级和阶级对立的资产阶级旧社会的,将是这样一个联合体,在那里,每个人的自由发展是一切人的自由发展的条件。"[①]这是马克思关于人的发展的最核心思想,对于当代大学生来说,要达到"自由全面发展"的条件,首先需要满足大学生的心理个性与需求。马斯洛将人的多种需求概括为五个层次的需求,分别为生理、安全、情感与归属、尊重以及自我实现。当前我国进入新时代,社会的主要矛盾也发生了变化,变为"人民日益增长的美好生活需要和不平衡不充分的发展之间的矛盾"。对当代大学生来说,生理需求与安全需求已不再是问题,他们自然会追求更高阶段的情感与归属的需求、尊重的需求以及自我实现的需求。就情感与归属的需求而言,大学生在自媒体平台中可以畅所欲言,表达自己的观点,抒发个人的情绪与感受,自媒体平台很好地满足了这一需求。就尊重的需求而言,大学生在自媒体平台中往往能够更轻易地获得别人的尊重,满足他们在现实生活中难以获得的尊重需求。就自我实现的需求而言,自媒体平台自主化、个性化的特点很好地满足了他们自我实现的需求,可以说当代大学生已经是"与自媒体深度融合的一代",当前高校意识形态建设必须将自媒体因素考量在内。离不开特定时代的话语环境、时代要求以及当时的技术物质条件,"思想、观念、意识的生产最初是与人们的物质活动,与人们的物质交往,与现实生活的语言交织在一起的。人们的想象、思维、精神交往

---

①　《马克思恩格斯选集》(第1卷),人民出版社,2012,第422页。

在这里还是人们物质行动的直接产物"①。近年来,随着自媒体时代的到来,前所未有的新情况和新问题陆续出现在意识形态领域,意识形态的传播要求也发生着深刻的变化。

（一）高校意识形态建设要求"万物互联"

随着全球化经济浪潮的发展,全面深化改革的进一步推进,以及在现代化进程中,现代化事业逐步转向高速发展,这些社会存在条件的改变也会引起社会意识形态的改变。正如马克思所说,社会存在是第一性的,社会意识是第二性的,社会形态的形成是人类活动的历史条件的合力所构成,人们总是在既定的现存的条件下创造历史,因为社会存在决定社会意识。

有学者提出自媒体未来发展的趋势是"万物媒介化"。人类社会的信息传播正像人类社会的发展那样,"从猿逐步进化到人进而产生人类社会和现代文明",人类的传播经历了从动物式的非言语的模拟式传播到牙牙学语式的口语传播再到形成书面记忆的传播时代,随着科学技术的发展,传播时代转向近代的大众电力传播时代再到当代的互动式数字媒介或者说是新媒介时代。一切皆媒体,万物互联将成为自媒体环境下高校意识形态建设的发展要求。如果不能利用一切时空、一切载体进行高校意识形态工作和高校意识形态的传播工作,那将一定程度削弱高校意识形态建设的实效性。自媒体作为信息传输的载体,将整个社会紧密地联系在一起,使高校意识形态建设不再受限于单一的校园,意识形态建设的范围将由高校范畴进而扩大为整个社会,通过自媒体将社会、大众、组织及国内外各类社会主体联系起来,从而形成合力。这种合力促使高校意识形态建设在自媒体和互联网快速发展的环境下,形成了一种"万物互联"的环境。自媒体的发展不只是从技术上拓展了意识形态的宣传渠道与受众之间的交流沟通,更是使得高校大学生由信息的接收者变为信息的传播者,从而成为高校意识形态建设的主体力量。

---

① 《马克思恩格斯选集》(第1卷),人民出版社,2012,第151页。

哈贝马斯曾说:"人们所看到的经常讨论的事物……不过是媒介的宣传操纵和评论员辛辣连续的时事评论所带来的短暂结果,而消费者则浸淫在媒介中。"①由此可见,人们所关注的信息和接收到的思想观点往往是由特定的社会主体进行加工,最终把经过加工的信息传递给公众。自媒体的出现改变了这种单一的、自上而下的传输方式,促使媒介主体的"去中心化",因此,自媒体环境为高校意识形态建设提供了发展创新的新方式和契机。自媒体的发展为高校意识形态建设提供了新平台,自媒体凭借其开放性、便捷性的优势迅速融入社会生活的方方面面。高校的教学工作、学生的学习生活离不开自媒体,社会发展离不开自媒体,自媒体的发展使得高校意识形态建设将以自媒体为载体,为高校学生的学习生活和思想发展提供新的平台。依托自媒体,高校意识形态建设能够推动主流意识形态的传播与受众之间的交流互动;依托自媒体,高校意识形态建设能够改变以往传统的自上而下的教育灌输模式,实现主流意识形态教育的方式多样化,充分发挥主流意识形态在自媒体中的影响力,从而增强主流意识形态在高校中的影响力;依托自媒体,主流意识形态得以在高校意识形态建设中通过网络视频、网络图片、文字等多种方式表达出来。既让枯燥无味的意识形态教育内容变得生动,使学生们乐于接受,又丰富了高校师生认识事物的方式方法。

（二）高校意识形态建设要求"全员参与"

传统意识形态传播的过程中,参与的人员数量受时间和空间的影响,很难做到覆盖全部人员。传统意识形态教育以灌输教育为主要形式,思想政治教育理论课教师肩负向广大学生进行宣传的重要使命,课程的效果往往取决于师生之间的关系等。传统媒介的传播已经不能满足广大师生的需求,而且由于信息的不对称性,可能导致师生之间的沟通出现问题。随着时代的发展,自媒体平台的出现为全员参与提供了技术可能,有助于解决高校

---

① 哈贝马斯:《公共领域的结构转型》,学林出版社,1989,第245页。

意识形态建设中不平衡、不充分的问题。自媒体呈现出的"去中心化""平民化""自主化""个性化""碎片化"等显著特点使信息的传递呈现了无处不在、无时不有、无所不包,且信息传播平台和通道在不断翻新、与日俱增的特点,学者们将这称为全媒体时代。自媒体的兴起创造性地改变着以往信息传播主体的权威地位,呈现出多主体共同参与、协调互动的趋势。高校意识形态建设工作全方位贯穿大学生的学习生活成长,面对大学生的不同生长发展阶段,针对其生长发展特点制订符合大学生发展阶段的教育策略方式和意识形态教育重点。为确保高校意识形态建设工作的推进与发展,高校中的管理、教学等各个部门工作人员都应主动承担责任。根据部门不同特点、不同工作结构,制定不同工作机制,从上到下形成一个完整体系,从而形成高校全方位意识形态建设工作合力。其实,育人不只是高校的工作重心,整个社会的工作中也有必要树立广义上的"全员育人"思想,以高校为中心,让整个社会参与进来,例如家庭、社会机构等,大家齐心协力,从各个维度全员育人,构建科学的学校、家庭、社会一体化的全员育人格局,才能有好的效果。

习近平总书记在党的十九大报告中明确指出:"坚持党对一切工作的领导。"高校领导干部在高校意识形态建设中起引领作用,高校教师在高校的意识形态建设工作中为广大学生起模范作用,要不断提高高校教师的思想认知、整体素质和教学质量,将意识形态建设工作广泛深入广大学生的日常生活和学习。高校每位教职工应充分发挥其意识形态建设的骨干作用,增强对社会思潮等方面的鉴别能力。面对高校大学生成长发展的不同阶段和不同特点,制订与其思想发展相应的教学机制与教学内容,引导高校大学生自觉践行,使其在日常学习和生活中逐渐成为主流意识形态的坚定拥护者。同时,高校意识形态建设工作还需积极融入高校顶层设计,注重各个部门之间的协调联动,形成全体动员,全员参与。

(三)高校意识形态建设要求"无所不在"

大学生作为新一代的网络居民,他们对网络上的语言表达方式有着很高的接受程度,容易被迅速同化,可以说他们是这种语言形态的践行者和发明者。对于他们来说,无论是批评时事,还是表达对祖国的热爱,都不必选择严肃、僵化的话语形式,相反,可以通过轻松、形象的语言来完成。根据"语境制约文体、文体适应语境"的基本原则,不同场合、不同受众经常使用不同的文体,只有根据具体语境选择适当的文体和修辞手段,才能在对话中取得成功,话语才能达到预期的效果。自媒体平台的这些新的特征给主流意识形态的传播带来了挑战。也就是说,意识形态的传播不能够像以前那样依靠单调的机械式的宣传和强硬式的灌输,相反应该是对意识形态理论的理论内涵进行创新的编译,使其语言形式以符合时代发展和易于被大众所接受的方式来呈现主流意识形态的丰富内涵,进而增强意识形态功能与作用。

高校是人才和知识的集中之地,各类社会新思潮的涌入往往先在高校知识群体中生根。大学生担负着民族复兴的希望,作为未来社会主义的建设者,他们的思想变化影响着未来社会的发展。因此,高校不仅是各种意识形态争夺的核心场所,也是意识形态建设的前沿阵地,之所以强调高校是意识形态建设的前沿阵地,是因为高校的意识形态建设有其复杂性和艰巨性。办好人民满意的教育、培养好能够担当民族复兴大任的时代新人,是做好意识形态工作的重大任务。在自媒体环境下西方的意识形态渗透非常隐蔽,通过自媒体推销西方的价值观念和政治思想,试图改变我国大学生的价值取向和政治认同。西方国家在意识形态领域对我国高校大学生展开争夺战,使高校意识形态建设呈现出严峻性。

自媒体环境下大学生的思维活跃但不稳定,极易受西方各种宣传的影响,而对我国的主流价值观产生怀疑,从而影响其对待事物的观点、看法和意见,当舆情出现时,容易产生消极的思想和行为。西方各种社会新思潮的大量涌入,对高校大学生的影响是深刻的。一方面,大学生通过对新思潮的了解,拓宽自己的视野,提升自己的认知能力和判断能力。另一方面,大学生的世界观还处于形成时期,一些消极的社会思潮,如新自由主义、民粹主义、虚无主义、享乐主义等,极易影响大学生的思想发展。部分大学生面对新思潮受其诱导,难以抵抗新思潮的裹挟,久而久之随波逐流,与社会主流意识形态渐行渐远。在自媒体环境下,以往传统媒体的单调宣传方式已经难以形成吸引力和影响力,高校大学生见多识广,我国高校的意识形态建设受到了挑战。在目前我国高校师生群体中,自媒体早已实现全覆盖,虚假信息、负面信息以及谣言等庞杂内容不断融入我们日常的经济消费、文娱生活等各个角落,我们需要将社会主义意识形态传播到各个角落,提高自媒体环境下我国高校意识形态建设的针对性,才能防患于未然。

二、自媒体成为意识形态传播的重要媒介

科学技术的发展带来了时代的变化,也可以说,时代的进步促使技术的发展。现在是一个网络的时代,网络给社会带来了巨大的变化,甚至可以说,网络的发展已经促使网络虚拟世界与现实世界混在了一起,使得人们有一种双重空间的感觉。全球科技革命的迅猛发展,使互联网全方位、全过程、全时段地影响着人们。人们的现实生活和社会发展给科学提出了目标,科学给生活的道路以方向与光明。在新时代,谁拥有网络,谁就拥有了未来。曼纽尔·卡斯特在《网络社会的崛起》中就曾强调:"互联网展现了有史以来最快速的沟通媒介穿透率。"①这就是说,互联网构建的这个虚拟的空间已经从科学技术的基础层面延伸到了社会文化和意识形态方面,缔造了一个全新发展的全人类的人际交往关系。自媒体作为网络发展的新技术层面,在高校意识形态建设方面发挥着重要的作用。

(一)增强当代高校意识形态建设的有效性

经济全球化改变着人们的生活方式,进而影响着人们的思考方式。社会的不断推进和经济不断扩张,必定会促进生产力的发展,但是,随着生产

---

① 曼纽尔·卡斯特:《网络社会的崛起》,夏铸九、王志弘等译,社会科学文献出版社,2001,第437页。

力的不断发展,生产关系也在不断发生变化,造成社会众多消极思潮盛行。西方国家利用全球化趋势,不仅仅给我们带来了经济上的冲击,同时在思想文化上,通过影视、文学作品等以隐蔽的形式输出着他们所谓的"普世价值""拜金主义""享乐主义"等各种与马克思主义意识形态背道而驰的思想。正是因为西方思潮的隐蔽性传播,导致当代大学生受这些价值观的影响而不自知。他们对自媒体环境下的信息没有正确的科学的辨别能力,且由于他们社会生活实践较少,容易受到别有用心的消极力量的影响。因此在这种形势下,高校开展的意识形态工作,在一定程度上存在着大的劣势,即投入了大量的人力物力,但实际效果并不理想,面临着传播效果不理想的困境。高校思想政治工作是一个特殊的交流过程。要走出传播效果不理想的困境,必须遵循传播的一般规律,提高传播效果。

习近平总书记指出:"青年一代有理想、有担当,国家就有前途,民族就有希望。"作为国家和民族希望的当代青年的三观教育还不够成熟,他们还不具备科学的批判能力,不能辨明消极的社会思潮的危害。因此,面对经济全球化的冲击、社会转型的影响和多元文化的传播,必须加强高校意识形态建设,提高传播技术手段,掌握互联网舆情传播,利用互联网技术手段,充分运用自媒体平台,推动马克思主义理论学习,使大学生充分认识到马克思主义的科学性,学会运用马克思主义的批判性与各种社会思潮对抗,从而增强大学生对马克思主义的认同。

(二)增强当代高校意识形态建设的针对性

自媒体的发展使得其已经成为高校意识形态建设的重要途径,网络技术以其便捷性等特点拓展了高校意识形态建设的时间和空间范围,这在一定程度上弥补了高校意识形态建设的局限性。然而,网络技术的虚拟性也给高校思想政治教育带来了负面影响。高校的任务是为社会输出高素质的人才,培养社会主义建设者和接班人。西方社会思潮借助网络技术不断渗透到高校思想政治教育中,这对高校思想政治教育的目标产生了重大影响,也增加了高校思想政治教育的复杂性。

高校意识形态建设要紧紧抓住在意识形态工作中的领导权、主动权和话语权,坚持以为中国特色社会主义建设培养合格的接班人为目标,做好意识形态建设工作。在自媒体时代,大学生作为自媒体的受众,既发挥着其自身的主动性,又受到周围各种各样的信息的包围,其中有正面的也有负面的。大学生作为世界观还未成熟的一代人,其对世界的看法和其驾驭自身的能力还不成熟,还不能科学看待自身和世界的关系以及事物之间的关系,容易受到负面信息影响和被别有用心的人利用,这就需要高校在意识形态建设中充分地把控好、利用好自媒体,尤其是要有针对性地引导大学生正确使用自媒体。高校应该利用新型互联网技术改变传统的教学方式方法和思想教育方法,以正确的舆论引导人,以高尚的精神塑造人。真正利用自媒体弘扬主旋律、传播好声音、积聚正能量。

当代大学生承载着上代人未完成的历史使命,同时又承载着开创新时代的新使命。全球化的浪潮,新技术的发展所带来的不仅是各国之间的贸易往来,还有文化的传播。高校作为文化传播的主要场所,不仅教授自己国家的文化,同时也传播借鉴其他国家的先进文化,多元化的文化使大学生眼界开阔,形成多元的文化观,但是大学生本身的特性使得他们极易受到新鲜事物的刺激而做出非理性的行为,甚至可能会对我国的主流意识形态造成冲击,出现思想动摇。这就要求高校在意识形态建设中充分发挥高校管理者的指导性,有针对性地加强意识形态建设,充分提高高校教师的思想觉悟,真正做到全员育人、全程育人、全方位育人。

(三)增强当代高校意识形态建设的传播性

近年来,意识形态工作和意识形态建设旨在进行思想引导和观念传播,巩固马克思主义的主流意识形态地位,自媒体环境下的信息生产与传播生态意味着前所未有的境遇和崭新的外源性条件,这也就是说由于技术的发展,一方面给高校意识形态建设带来了机遇,另一方面也带来了挑战。自媒体从根本上来说是以个人为导向的,是以主体的需要和要求为导向的信息汇编和传播的个体化为基础,建构了主体的传播形态,推动着传播形态的第五大形态发展,即"新媒体时代"。

自媒体平台逐渐成为主流互联网平台,随着互联网的发展,以综合性为特征的网络媒体必将成为社会思潮和利益诉求等社会舆情的重要传播平台。我国的传统媒体相对西方国家而言转型较晚,这在很大程度上限制了或者说是制约了主流意识形态的传播效果。党的十八届三中全会以来,党中央多次强调要从战略的高度推进"媒体融合",利用"大数据""云计算"等先进技术,加快传统媒体改革,充分发挥传统媒体与新媒体的优势互补,加快自身转型升级,打造一批适应新时期传播规律的新型主流媒体。自媒体作为新媒体的代表,是科学技术发展的必然。自媒体平台以其多样化的硬件和软件设备极大地丰富了意识形态的传播渠道。

在自媒体环境下,高校意识形态建设要充分发挥自媒体在意识形态方面的积极作用。克服学校管理者和被管理者的不对等性和信息的不对称性。加强信息的共享性和舆论场景的掌控性。而要做到这些,就需要在意识形态的建设中,善于利用互联网平台。习近平总书记在党的十九大报告中指出:"高度重视传播手段建设和创新,提高新闻舆论传播力、引导力、影响力、公信力。加强互联网内容建设,建立网络综合治理体系,营造清朗的网络空间。"这就从传播途径上为创新增强高校意识形态建设提供了重要遵循。也就是说,在高校的意识形态建设中,要打造自媒体领域意识形态传播的新阵地。高校可以创建自己的官方微信、微博、App 等,将官方的自媒体平台作为主要的宣传力量,加强意识形态内容的创新,从广大师生的视角出发,以他们喜闻乐见的方式改造传统的那种灌输方式,实现由单一性的独白式转向平等对话式,由抽象式转向形象式。另一方面要主动扩大主流意识形态网络活动空间,以正面声音引领网络上复杂的声音。通过加强自媒体的原创性内容建设,增强意识形态的传播性。

三、自媒体是高校意识形态建设的新境遇

高校意识形态建设有其复杂的影响因素与运动规律,其中意识形态建设的主体、介体和环体构成了高校意识形态建设的有机系统。自媒体环境下高校意识形态建设的主体、介体与环体都发生了深刻变化,系统论要求我们必须从整体出发分析自媒体环境下高校意识形态建设的影响因素。

(一)主体因素

建设者在高校意识形态建设过程中发挥着主导作用,是高校意识形态建设的主体,是按照高校及意识形态发展规律,制订方案计划组织学生进行社会主义意识形态培育、影响的组织者。在建设过程中,建设者要首先制订建设目标,然后对计划方案进行统筹安排,并在具体实施过程中对所遇到的各种问题进行调整,对实施结果进行反馈应用于下一阶段的建设过程中。在自媒体环境下,随着资源共享、资讯共享,每个人都可以从自媒体平台获取想要的信息,但作为高校意识形态建设者,应当比其他人具有更高的理论水平、鉴别能力与判断能力,能够在良莠不齐的信息中有效识别各种信息。因此,在自媒体平台中高校意识形态建设者依然要发挥主导作用,引导自媒体平台良性发展,使高校学生形成坚定的政治信仰、正确的价值理念。高校学生作为受众,能够自觉鉴别有效信息,自觉选择接受正面信息,自觉将社会主义意识形态内化于心、外化于行,这是判断高校意识形态建设成效的另一个重要因素。

(二)介体因素

介体因素是意识形态建设者与受众之间的纽带,包括建设目标、建设内容与建设载体等环节。首先,我国意识形态建设的目标为高校意识形态建设指明了方向,恩格斯曾经指出:"在社会历史领域进行活动的,是具有意识的,经过思虑或凭激情行动的、追求某种目的的人;任何事情的发生都不是

没有自觉意图,没有预期目的的。"①明确的建设目标同样可以为高校意识形态建设提供动力,在其引导学习的过程中起到重要的激励作用。其次,系统的建设内容是高校意识形态建设的重要因素。在自媒体环境下,各种各样的意识形态思想内容相互补充,使意识形态的内容烦冗且复杂,因此,为学生构建系统的科学的完整的主流意识形态理论和教育,有助于实现高校意识形态建设的最终目标。高校意识形态建设涵盖多个方面,在不同时期的重要程度有所不同,在自媒体环境下,大学生的理想信念教育应该摆在首位。最后,选择合适的载体可以使意识形态建设的成效事半功倍。载体能够为主体所运用,是意识形态建设过程中所体现出来的具体表现形式。在自媒体环境下,自媒体本身就成为意识形态建设的重要载体,因此提高对自媒体的使用和运用能力,选择合适且准确的载体在高校意识形态建设过程中就显得尤为重要。

(三)环体因素

环体因素是指意识形态建设的环境因素,主要包括社会环境、高校环境以及自媒体环境。社会环境是从宏观角度对全体社会成员造成影响,其中当然也包括高校成员,所以社会环境被看作背景环境因素。社会环境包括社会发展水平以及政治制度、社会文化水平等,历史唯物主义认为经济基础决定上层建筑,社会经济条件的不断改善,会帮助生活在其中的社会成员更好地接受、认同该社会所倡导的价值观念与行为规范。高校校园环境是意识形态建设的现实环境因素,苏联教育理论学家霍林姆斯基说过:"在孩子的周围,甚至是在学校走廊里的墙壁上或者是在教室里、在活动室经常看到的一切,对于孩子精神风貌的形成具有重大的意义。"②高校是进行意识形态教育的物理空间,为学生的学习生活提供有力保障。优美的校园环境与良好的基础设施有助于增强学生对学校的认同感,更有利于高校所倡导的意

---

① 《马克思恩格斯选集》(第 4 卷),人民出版社,1995,第 247 页。
② 苏霍姆林斯基:《巴甫雷什中学》,教育科学出版社,1981,第 260 页。

识形态被学生真正信服。自媒体时代的到来使人们的活动从现实世界延伸到网络空间,对于其观念养成、行为方式、道德法规的确立都产生了一定影响。因此,传统构建的高校意识形态传播方式也受到自媒体环境的影响,自媒体平台由于其自由、开放、共享等优势,越来越受到高校师生的追捧。特别是当代大学生喜欢追求新事物,自媒体正是迎合这一需求迅速渗透到大学生活的方方面面。也正是因为大学生的学习、生活都离不开自媒体,所以自媒体环境也成为高校意识形态建设的重要环境之一。

第二节　自媒体环境下我国高校意识形态建设的主要任务

高校一直以来都是党和国家意识形态建设的重要环节。自媒体对于巩固马克思主义指导地位,维护高校意识形态安全提出了挑战也带来了机遇。自媒体深刻地改变着人们的观念世界,在一定程度上解构了传统意识形态,引入了新的观念与看法。高校要加强意识形态建设,必须在马克思主义的指导下,充分运用各种教育方式和手段加强马克思主义意识形态建设,引导广大师生树立正确的世界观、人生观和价值观。高校加强自媒体环境下的意识形态建设,要从内容、渠道、环境、队伍等方面明确高校意识形态建设的主要任务。

一、丰富自媒体环境下高校意识形态建设的内容

意识形态领域的斗争日益复杂。当前我国已经进入了全面深化改革的阶段,越是艰难时期,人们的思想越容易动摇。大学生正处于三观形成时期,同时也是学以成人的关键时期,他们的思想容易受到各种腐朽思潮的影响,他们的心态也容易受到敌对势力的影响,他们的思想理论基础还比较薄弱。尤其是在自媒体环境下,信息爆炸的时代,面对西方世界的意识形态和

文化传播,这些问题更加明显。因此加强高校意识形态建设,坚持马克思主义中国化、时代化、大众化,善于利用各种手段做好意识形态工作,巩固马克思主义在高校的指导地位尤显重要。

马克思主义科学揭示了人类社会发展的规律。马克思主义作为中国特色社会主义意识形态理论的指导思想不断与中国的具体实践相结合。高校作为立德树人的主阵地,肩负着宣传研究马克思主义以及马克思主义中国化理论成果的时代任务,在明确立什么德、树什么人的前提下,充实高校意识形态建设的内容,就必须学深悟透习近平新时代中国特色社会主义思想,具有很强的政治性、战略性和全局性。这就需要正确认识当代大学生的思想,正确掌握当代大学生思想发展的规律,根据其认知水平和规律的发展,丰富高校意识形态建设的内容。

马克思主义是新时代我国意识形态建设的思想根脉,只有加强和改进意识形态体系内容构建,才能传承巩固马克思主义理论,不断丰富马克思主义的时代化内涵;只有结合时代条件的发展和科学技术的应用,才能更好地宣传马克思主义理论,使马克思主义成为大众所理解和接受的思想理论。马克思、恩格斯在《德意志意识形态》中指出:"我们的出发点是从事实际活动的人,在改变自己的这个现实的同时也改变着自己的思维和思维的产物。"①在传承创新中推进马克思主义中国化时代化大众化,教育引导广大人民群众自觉地运用马克思主义立场观点方法解决实践问题,以宽广的视野、长远的眼光思考把握发展面临的一系列重大实际问题,不断增强观察时代、解读时代和引领新时代的驾驭力。这就需要我们不断地丰富马克思主义的基本理论内容,使用大众喜闻乐见的语言,针对当代大学生的认知特点,针对自媒体环境下传播手段的特点,增强运用马克思主义基本理论的能力。以马克思主义"三化"发展为宗旨,增强新时代中国特色社会主义意识形态理论的创新性和接受性,是做好新时代自媒体环境下意识形态建设研究工

---

① 《马克思恩格斯选集》(第1卷),人民出版社,1995,第72页。

作的应有之义。马克思主义基本原理是武装头脑、指导实践、推动工作的科学方法,学好用好马克思主义基本原理不仅事关实际工作的成效,更事关全党全国人民牢固树立"四个意识"、坚定"四个自信"。做好互联网发展新态势下意识形态建设研究工作,必须真正掌握新时代中国特色社会主义的思想本质、规律优势、发展路径,深刻理解其时代背景、历史方位、精神内涵和实践要求,促进全党全国人民紧密地团结在以习近平同志为核心的党中央周围,凝聚磅礴力量铸就中国梦。

二、提升自媒体环境下高校和谐的校园文化建设

党的十九大报告明确提出,要全面贯彻党的教育方针,落实立德树人根本任务,着力培养担当民族复兴大任的时代新人。因此,培养以中华民族伟大复兴为己任的时代新人,就是对高校立德树人新的时代要求。意识形态工作是为国家立心、为民族立魂,是党的一项极端重要的工作。党的十八大以来,党中央对意识形态领域的许多问题作出了方向性和战略性的部署,从根本上改变了以前意识形态领域的被动局面。"一个民族、一个国家的核心价值观必须同这个民族、这个国家的历史文化相契合,同这个民族、这个国家的人民正在进行的奋斗相结合,同这个民族、这个国家需要解决的时代问题相适应。"[①]价值观是民族精神的浓缩与凝聚,是这个民族、这个国家的思想道德基础,核心价值观更是一个民族赖以生存的精神纽带。因此,高校应该将社会主义核心价值观与校园文化建设相统一,以正确的价值观引领校园文化中存在的各种思潮。

高校是文化交流的场所,更是各种社会思潮传播的重要场所。大学生的德育更是决定着人才输出的关键性因素。现代化建设不仅需要高技术的人才,更需要在道德方面可靠的人才。自媒体的发展,不仅给社会带来了物质文明,同时也带来了精神文明。伴随着精神文明到来的还有各种消极的、

① 习近平:《习近平谈治国理政(第一卷)》,外文出版社,2018,第171页。

腐朽的文化因素。这些文化因素腐蚀着没有辨别能力的学生,甚至有些教师也不加辨别地认同,进而在校园内传播,这将会给校园文化带来不可估量的不良影响。校园文化建设一直是高校意识形态建设的一个重要方面,虽然改革开放以来,高校意识形态建设所取得的成就是显著的,尤其是党的十八大以来,我国在经济发展、科技创新等方面取得了巨大的成就,高校校园文化也在不断地提升。但是在持续深化改革开放的新的时代背景下,党进行意识形态工作的环境发生了巨大的变化,因此,校园文化的建设应跟随新时代矛盾的变化,从新时代的时代条件出发,进一步深化校园文化建设的内容,营造适应社会发展的校园文化氛围。习近平总书记从全局出发,科学地指出:"宣传思想工作就是要巩固马克思主义在意识形态领域的指导地位,巩固全党全国人民团结奋斗的共同思想基础。"[①]这是我党处于新时代的矛盾变化中,对意识形态工作根本任务的高度概括;是习近平总书记对巩固马克思主义的指导地位进行的创新性概括;是对巩固全党全国人民团结奋斗的思想基础进行深刻分析后的科学总结。"两个巩固"的提出,为意识形态工作指明了方向,意识形态工作必须牢牢树立马克思主义的指导地位。如何更好地把"两个巩固"落到实处,这是高校意识形态建设的应有内容。巩固马克思主义的指导地位,巩固共同的思想基础,不仅是坚持马克思主义,更是要充分创新马克思主义中国化。对于高校来说,就是要以社会主义核心价值观统领高校意识形态建设,以中华优秀传统文化滋养高校意识形态建设。马克思主义是科学的体系,是在批判吸收前人优秀成果的基础上,总结了人类历史发展的经验,深刻揭示了历史的发展规律,为人类社会指明了正确的科学的发展方向。中华民族取得的巨大的、历史性的成就已经证明,我们党坚持把马克思主义作为指导思想是正确的,走中国特色社会主义道路才是康庄大道。

---

　　① 《习近平在全国宣传思想工作会议上强调　胸怀大局把握大势着眼大事　努力把宣传思想工作做得更好》,《人民日报》2013 年 8 月 21 日,第 1 版。

自媒体环境下高校意识形态建设要求高校构建适应新时代发展的校园文化建设，就必须坚持以马克思主义理论为指导，以社会主义核心价值观教育为导向，以中华优秀传统文化为养料。这就要求高校党委重视虚拟空间中的意识形态阵地，"线上"与"线下"相结合，从"面对面"到"键对键"，多维度提升自媒体环境下高校和谐的校园文化建设。

三、净化自媒体环境下高校意识形态建设的空间

马克思主义得以创立是它同各种各样的错误思想做斗争一步一步逐渐建立起来的。就像列宁所说的那样："凡是人类社会所创造的一切，他都有批判地重新加以探讨，任何一点也没有忽略过去。凡是人类思想所建树的一切，他都放在工人运动中检验过，重新加以探讨，加以批判，从而得出了那些被资产阶级狭隘性所限制或被资产阶级偏见束缚住的人所不能得出的结论。"①马克思主义是实践的理论，是指引着人们改造世界的理论，实践的观点是马克思主义认识论的基本观点，是区别于唯心主义、旧唯物主义的科学理论；是不断发展着的开放的理论，是时代的精华。这种开放性注定了马克思主义理论不是教条，而是行动的指南，必须随着实践的发展而发展。自媒体已经成为意识形态传播的前沿阵地。随着信息社会的不断发展，新兴媒体的影响越来越大。这就要求我们加强平台管控，净化自媒体环境下高校意识形态建设的网络空间。

自媒体的应用，构建了全程媒体、全息媒体、全员媒体的媒体格局，出现了信息无处不在、无所不及、无人不用的状况，深刻地改变着舆论生态、媒体格局、传播方式。这也就是说，媒体之间不再是新的取代旧的，而是成了优势互补的相互融合的态势，从"你是你、我是我"变为"你中有我、我中有你"，进而变成"你就是我、我就是你"。这就要求我们营造清朗的网络空间。习近平总书记强调："我们要本着对社会负责、对人民负责的态度，依法加强网

---

① 《列宁选集》(第4卷)，人民出版社，1995，第284—285页。

络空间治理,加强网络内容建设,做强网上正面宣传,培育积极健康、向上向善的网络文化,用社会主义核心价值观和人类优秀文明成果滋养人心、滋养社会,做到正能量充沛、主旋律高昂,为广大网民特别是青少年营造一个风清气正的网络空间。"①从历史上来看,我们从鸦片战争到新民主主义革命到新中国成立再到改革开放一直到今天的新时代,中国不仅站起来了,而且富起来了、强起来了,现在我们在实现"两个一百年"的奋斗征程中。可是西方一些国家还是在不遗余力地对我国进行精神上的攻击,通过各种手段,利用各种技术,不断割裂我们的历史,不断抹黑我们的历史,不断拼凑我们的历史,进而引导人们对历史产生曲解,从思想上瓦解我们的价值观。互联网不是法外之地,自媒体平台需要天朗气清、生态良好的网络空间,加强对自媒体平台的管控与监督,敢于同自媒体平台中的各种乌烟瘴气、生态恶化等不良现象与邪恶势力做斗争,为高校意识形态建设工作营造风清气正的互联网环境。

随着世情国情党情社情的变化,意识形态工作也发生了巨大的转变,在新的时期,我们既要大力发展经济,做好全面深化改革,保证社会发展的丰富物质基础,又要切实做好意识形态工作,为社会的稳固发展提供强有力的思想保障。意识形态工作关乎国家的旗帜、道路和政治安全,面对意识形态领域存在的严峻挑战,我们要比以往任何时候都更需要创新。因此,习近平总书记指出:"为了实现我们的目标,网上网下要形成同心圆。什么是同心圆? 就是在党的领导下,动员全国各族人民,调动各方面积极性,共同为实现中华民族伟大复兴的中国梦而奋斗。"②这就要求各级党组织包括高校的各级党组织,随着国内外形势的深刻变化和现代信息技术的迅猛发展,做好意识形态工作都要重点抓好理念创新、手段创新、方式方法创新,积极探索

①　习近平:《在网络安全和信息化工作座谈会上的讲话》,《人民日报》2016 年 4 月 26 日,第 2 版。

②　同上。

有利于破解工作难题的新举措新方法,充分运用新技术新应用创新媒体传播方式,占领信息传播的制高点。

四、增强自媒体环境下高校意识形态建设的力量

高校意识形态建设离不开教师队伍的建设。尤其是随着自媒体的发展,教师的职责正在发生前所未有的改变。新的时代,高校作为培养人才的场所,其任务要求也在发生着改变。正如习近平总书记强调的那样:"未来30年,我们培养的人要能够完成'两个一百年'的伟业。这就是教育的历史责任。"①教师自古以来就承担着传道授业解惑的职责。随着社会的进步,教育的历史责任也在随着社会的发展而不断改进。当今世界正处于大发展大变革大调整时期,我国开启了全面建设社会主义现代化国家新征程。这就需要高校教师胸怀世情国情两个大局,善于抓住新时期带来的机遇,主动承担起属于自己的责任,要在不断深化改革中,不断提升自身素质,把"铸魂育人"贯彻在教学生活的全过程。

目前高校面临的意识形态斗争形势是复杂的,甚至可以说是斗争形势日趋剧烈。意识形态领域的斗争不仅反映在思想文化交流上,更多是西方思潮以隐蔽的形式渗透到了学生的日常生活中去。党的十八大以来,习近平总书记多次围绕思想政治教育理论课召开会议,系统回答了"培养什么人、怎样培养人、为谁培养人"这一教育的根本问题。突出强调,办好思政课的关键在于教师,关键在于发挥教师的积极性、主动性、创造性。思想政治教育作为意识形态建设的重要方面,不仅在于它是一种形式,更重要的是作为意识形态建设的重要组成部分。思政课教师在高校开展马克思主义理论教育,就是要不断提升课程的质量,在传道授业解惑中把思想政治教育的内容贯穿其中,讲活思政,使文字性表达的思想转换为学生耳濡目染、主动接

---

① 习近平:《思政课是落实立德树人根本任务的关键课程》,人民出版社,2020,第5页。

受的思想,引导学生在心里埋下真善美的种子,真正扣好人生第一粒扣子,做有志青年。这就要求高校的意识形态建设既要遵循学生成长规律、思政工作规律、教书育人规律,结合八个统一,不断创新方式方法,也要善于抓住机会,利用新技术做好传播。因此,高校教师尤其是思政课教师要担负起为中华民族伟大复兴培育时代新人的时代责任,真正做到围绕、服务、关照学生的需要,不断提高学生的政治觉悟、思想水平、道德素质,使学生成长为信仰坚定、本领扎实、能担大任的社会主义建设者和接班人。

第三节　自媒体环境下我国高校意识形态建设的意义

自媒体作为意识形态传播的重要媒介,在高校学生中已广泛应用开来。自媒体的出现使得高校意识形态教育、传播、认同过程都在发生着急剧变化,传统高校意识形态建设模式显然已经难以满足自媒体时代的需要,因此要把握自媒体这一时代特征,明确自媒体环境下我国高校意识形态建设的意义,才能做到于变局处开新局。

一、奠定高校校园文化学风建设的思想基础

随着互联网的发展,自媒体的应用十分广泛。自媒体是一把双刃剑,虽然可以给高校师生带来宽广的视角,但同时也可能给广大师生带来错误的思潮;既可以为高校意识形态工作带来机遇,又会带来巨大的挑战。校园文化是一种以教师、学生为主体,以校园为载体所创造的精神文化的总和;是长时间以来在学校形成的全体师生认同的一种校园精神和培养这种精神所需要的文化环境。大学是文化传播的聚集地,在传播文化、发展文化、创作文化的过程中起着价值引领的作用。因此,高校营造优秀的校园文化是思想政治教育的基础,以优秀的思想文化价值引领高校师生的个人价值观。

中华文明是由中华儿女所创造,历经五千多年的淬炼,在历史的变迁中逐步培育积淀发展起来的。博大精深的中华文化为中华儿女的不畏险阻、艰苦奋斗,以及中华民族的绵绵不息提供着强大的精神动力支撑。历史和现实已经表明,一个国家和民族只要对自己的文化理想和价值有充分的信心,就有艰苦奋斗的毅力、勇气和生命力。高校是为国家培育社会主义接班人的场所,一所高校的校园文化是该高校培育的师生所共有的精神品质,是历代高校师生的传承与发扬。坚定高校校园文化自信,坚持校园文化积淀与传承发扬,是高校意识形态教育工作的基础。在新的历史条件下,校园文化已经成为高校意识形态工作的重要途径和载体。校园文化充实和发展了思想政治教育的主要内容,充分发挥了育人功能,实现了校园文化与高校意识形态建设的相互促进,相互支撑,为高校的意识形态工作奠定了文化基础。校园文化不仅是每一所高校内部的文化建设,也是中国特色社会主义文化建设的一部分。文化自信是实现中华民族伟大复兴的前提,高校要自觉承担起育新人、兴文化、展形象的使命任务,不断增强脚力、眼力、脑力、笔力,努力在实践中实现高校文化创新,营造优秀的校园文化氛围。

在高校的人才培养过程中,校园文化的熏陶教化、思想政治教育的价值导向起着与课程教学同等重要的作用,是提升高校人才综合素质的关键环节。这就需要在高校人才培养的全过程中,始终把校园文化建设和学生思想教育工作摆在重要的位置。高校意识形态工作,不能仅靠硬性的灌输和强制的规章制度,而应该是软硬结合,尤其是要激发学生的自觉性。只有坚持以社会主义核心价值观引导高校文化建设,营造优秀校园文化,创新校园文化精神,才能进一步改进高校意识形态建设的思想基础。

二、保障国家意识形态领域安全的必要前提

国家安全关乎着国家的生存和发展,维系着全国各族人民的根本利益。党要团结带领人民发展中国特色社会主义,加强党的执政地位,保证国家安全是第一要务。国家安全了,才能真正实现长治久安,人们的幸福感才能得

到保证。坚持党对一切工作的领导,切实加强意识形态工作,持续巩固和增强主流舆论的力量,密切防范和坚决打击一切渗透、颠覆和破坏活动。高度重视青年一代的思想政治工作,教育引导青年自觉坚持党的领导。

国家安全的首要阵地就是意识形态阵地,政治安全是政权安全和制度安全的根本,意识形态安全了国家才能安全。习近平总书记强调:"前进的道路不可能一帆风顺,越是前景光明,越是要增强忧患意识,做到居安思危,全面认识和有力应对一些重大风险挑战。"①意识形态领域一直是争夺思想主导权的不见硝烟的战场。高校作为思想教育的第一线,要始终切实加强思想工作,牢牢把握意识形态的管理权、领导权和话语权,牢牢把握"四个自信",时刻保持头脑清醒,不放松警惕,牢牢树立"四个意识",自觉维护中央权威和党的统一领导。中国特色社会主义最大的优势、根本的特征是中国共产党领导。高校意识形态建设要坚持党管一切,巩固马克思主义理论的指导地位,培养师生科学的世界观和方法论。在当今世界,互联网的发展对人类社会的发展进程产生着深刻影响,与此同时,网络安全问题也相伴而生。网络安全已经成为国家安全和意识形态安全的重要方面,对我国国家安全提出了严峻的挑战。因此,加强网络安全建设,加强对网络空间的治理尤为重要。

高校作为传授知识的场所,不仅具有浓厚的学术氛围,思想观念也比较自由,而且也是各种社会思潮的聚集地和传播地。在这个信息爆炸的时代,如果高校意识形态出现问题,将会造成严重的后果,威胁着意识形态领域的安全。因此,高校要充分发挥高校教书育人的功能,及时发现及时阻止威胁国家安全、意识形态安全的言论与行为,积极引导学生做一名坚定的马克思主义者,做一名合格的社会主义建设者和接班人。

---

① 习近平:《习近平谈治国理政(第二卷)》,外文出版社,2017,第336页。

三、提升社会主义建设者和接班人的培育质量

我国是一个人力资源大国,也是一个智力资源大国,要运用好丰富的人才资源,就要在思想上尊重人才,使之成为一种社会风气、一种价值追求;在体制机制上,需要建立发现人才、培育人才、凝聚人才的一整套有效制度,要持之以恒地做好人才工作,才能培养造就规模宏大、结构合理、素质优良的人才队伍,为社会主义事业发展提供有力支撑、注入强大活力。

科技创新的核心环节是要拥有高素质的人才储备,高素质人才队伍是充实、活跃社会生产力发展程度的核心因子。习近平总书记强调:"把人才资源开发放在科技创新最优先的位置。"应当在人才培养机制、社会氛围构建、人才梯队建设等三方面加强改进。具体而言:首先,应当完善人才培养机制,人才培养机制完善需要着眼于国家长久发展的需求,以长远的战略眼光构筑完善的体制机制,不能被短期利益所束缚,在人才培养中产生急功近利的消极态度;其次,应当构建良好的社会氛围助推科技创新工作全面展开,增强社会大众对科技创新的包容度,形成社会支持科技人才积极踊跃创新、敢于创新的良好氛围,引导社会大众全面辩证地对待科技创新,既重视创新成果又要包容创新中的不足之处;最后,应当广泛铺开创新人才梯队建设,为科技创新中的拔尖人才提供脱颖而出的条件。知识与人才是未来世界发展最关键的因素,必须保证党在新时代中国特色社会主义科技创新工作中的绝对领导地位,要建设一支高素质的接班人队伍。教师队伍作为高校的主力军,要全面加强建设社会主义道路的人才保障。

人才培养的关键在于需要一支可信可敬可靠、乐为敢为有为的教师队伍。整个教师队伍在传道、授业过程中能够潜在地对学生知识、思想、价值观、行为等诸多方面产生深远影响,所以必须严格约束教师队伍在教学过程中的言行举止,形成完善的约束机制。高校在教师师德师风考核方面应当采取一票否决制,完善师德师风建设和考核规章制度,出台具体考核办法,引导教师队伍强化个人自身德育修养。加强队伍建设,强化高校党委的政

治责任和领导责任,建立意识形态工作责任制,将高校意识形态工作的成效具体量化,纳入高校党委领导能力评价核心标准之中。加强队伍建设,就要解决好"信"的问题,要落实责任,培养一支信马言马的师资队伍,使高校马克思主义理论工作者得到应有的尊重、信任。打造一批拥护马克思主义的高学历、高素质的学生队伍,同时在教师队伍中遴选深造一批理论人才。

高校强有力的意识形态灌输和引导是提升社会主义建设者和接班人的培育质量的必要条件。当今青年一代担负着党和国家给予的重任和期待,高校学生不仅要成为拥有丰富知识的合格人才,更要主动承担起国家和民族复兴的重任,将自身锻造成为优秀的时代新人。高校教育既要在人文自然知识教育工作中提高学生专业素养,更为关键的是要引导当代青年大学生顺应党和国家要求,成长为社会主义事业接班人。然而,当今西方敌对势力在"两微一端"的网络空间中借机散布历史虚无主义、个人主义等思潮,致使一部分大学生价值取向产生偏差。如果不及时对这些错误思潮进行批判,有可能会丧失党对高校意识形态工作的领导地位,进而影响"时代新人"全面成长成才的步伐。因此,高校的网络意识形态工作应当高扬新时代中国特色社会主义的办学旗帜,引导大学生形成凝心聚力的核心价值观,线上教育要深刻融入理想信念因素、爱国因素、价值观因素,引导大学生认清西方错误思潮的本质,强化大学生的信仰之基、认同之感、爱国之心。

四、培育践行中国特色社会主义核心价值观

党的十九大报告详细提出培育和践行社会主义核心价值观的各项要求,强调要以培养担当民族复兴大任的时代新人为着眼点,强化教育引导、实践养成、制度保障,发挥社会主义核心价值观对国民教育、精神文明创建、精神文化产品创作生产传播的引领作用,把社会主义核心价值观融入社会发展各方面,转化为人们的情感认同和行为习惯。与西方国家标榜的"自由""民主"等价值观相比,社会主义核心价值观更加彰显出中国改革开放四十余年来中国人民对于精神变迁的更高追求,体现出新时代中国人民在拥

有不断提升的经济生活质量基础上自主地追求美好生活的愿景。因此可以看出以社会主义核心价值观为统摄的价值观变迁已成为当今社会的主流意识形态。在网络意识形态教育过程中也应当坚持以社会主义核心价值观为统帅，要使大学生深入理解党和政府的政策理念，需要借助于社会主义核心价值观耳濡目染的教育过程，润物细无声地内化为当代大学生自觉的思维品质。党的十九大要求将社会主义核心价值观与弘扬传统文化作为社会主义文化建设的重要抓手，这就需要各级党委和政府加强改进文化宣传教育方式和手段，通过多样化的文化实践活动沁润人民群众的精神生活领域，使社会主义核心价值观深入民心，引导人们自觉自发自为地遵从社会主义核心价值观的各项要求。

"培养什么人""怎样培养人""为谁培养人"是我国高校发展必须回答的根本问题。进入新时代，高校立身之本在立德树人，而落实立德树人的中心工作就是如何让社会主义核心价值观能够深入青年大学生的内心。2013年发布的《关于培育和践行社会主义核心价值观的意见》为高校的相应教育和实践工作展开提供了指导。一是高校搭建课堂教学、社会实践、校园文化建设于一体的育人平台。思政课是培育和践行社会主义核心价值观的关键课程，教师在课堂教学中起到决定性的引导作用。思政课教师利用自己马克思主义理论学科的专业优势向学生解读社会主义核心价值观的基本理念，引导学生认知、认同、践行。抓好实践养成这一关键环节，通过校内外的社会实践活动和集体活动，让社会主义核心价值观培育和践行常态化、生活化、具体化，把社会主义核心价值观融入实习、见习、参观、访问等各类社会实践课程、文体活动。校园文化建设要发挥环境育人、文化育人作用。文化熏陶主要体现在校园文化、中华优秀传统文化、先进网络文化上，做到春风化雨、润物无声。中华优秀传统文化是社会主义核心价值观的重要源泉，利用传统节日开展主题活动提升高校学子对中华优秀传统文化的认知认同。二是师德师风建设要全面加强纳入社会主义核心价值观的内容。高校教师的思想道德素质对学生有着潜移默化的影响，对校风学风产生重要的影响。

只有教师坚定信仰、积极践行社会主义核心价值观,才能感染学生、教育学生。习近平总书记指出:"高校教师要坚持教育者先受教育,努力成为先进思想文化的传播者、党执政的坚定支持者,更好担起学生健康成长指导者和引路人的责任。要加强师德师风建设,坚持教书和育人相统一,坚持言传和身教相统一,坚持潜心问道和关注社会相统一,坚持学术自由和学术规范相统一,引导广大教师以德立身、以德立学、以德施教。"教师队伍要自觉将社会主义核心价值观的各项理念和要求与日常教学、科研、进修等相关活动相对接,注重师德激励、问责失德行为,督促高校教师成为理想鲜明、人格高尚、专业理论积累深厚和富有仁者之心的优秀教师。三是高校治理体系引入社会主义核心价值观因素。高校治理各项工作中必须处处与社会主义核心价值观相呼应,各项环节都应当将其作为治理工作的价值遵循。从高校行政层面而言,社会主义核心价值观的培育和践行是一项系统工程,注重学校党委的顶层设计,推动学校党委牵头,宣传部门负责,学生工作处、各个二级学院密切配合,形成全员全过程全方位的育人格局。

五、抵制西方不良社会思潮在高校隐蔽传播

信息技术的发展,加快和扩大了社会各种思潮的传播和扩散,多种社会思潮开始加深对我国政治、经济、文化等方面的影响。网络平台为不良的社会思潮提供了发展的场所,高校学生获取外部知识的途径大都来自网络。网络信息化的开放性,内容更新的及时性以及信息发布者的神秘性等特点,容易使不良社会思潮借以生根发芽。例如历史虚无主义、新自由主义、泛娱乐主义,消费主义等,不良社会思潮易借网络传播速度快、内容更新快等特点,不断宣扬自身观点内容,企图对我国的主流意识形态进行破坏和瓦解。高校学生在面对网络信息的多样化时,自身缺乏判断能力,容易真假难分,受到不良社会思潮的误导,易发生偏激行为。

面对各种不良社会思潮的侵袭,高校必须坚持社会主义办学方向,坚持立德树人,坚持马克思主义在意识形态领域的指导地位。在面对不良社会

思潮的侵袭时,应加强校园文化监管,做好网络舆情监测,在面对可能会对高校学生产生误导的信息及事件时,应做到提前预判,及时排除。高校在运用自媒体时,要高扬社会主旋律,弘扬社会正能量,宣传主流意识形态的价值理念,针对网络不良信息的传播给予强有力的回击,为高校师生营造风清气正、积极向上、文明和谐的校园文化环境。新媒体的快速发展以及新媒体的广泛运用为不良社会思潮的发展提供了空间,高校在面对不良社会思潮发展时,应针对其发展规律、发展特点、传播方式等进行有效治理,坚持正确的价值引领,传播积极向上的网络形象和网络声音,做好网络的宣传引导。新时代意味着当今高校学生要面临非同寻常的历史和时代使命,坚定马克思主义的政治立场,努力提升理论水平和精神修养,增强面对不良社会思潮的抵抗能力,提高警惕,增强其判断力和鉴别力,避免陷入社会不良思潮的陷阱。

特别是进入 21 世纪以来,人类社会各个流派、不同国家、众多民族的文化交流纷繁复杂,思想文化领域的交锋形式多变。纵览我们党和国家的实践历程能够发现,能否坚守住马克思主义在思想界的指导地位,能否抵挡得住外来的不良思潮侵袭,是事关思想文化领域能否稳定发展的关键环节。以往西方一些敌对势力通过散布消极观念、鼓吹错误价值取向对我们进行文化渗透与输出,甚至当一小部分人被西方意识形态所蒙蔽时,我们都坚决地同这些非主流,甚至是反主流的意识形态糟粕进行了坚决批判和斗争,顽强地守住了马克思主义的思想阵地。

第三章 | 自媒体环境下我国高校意识形态建设现状调查与分析

大学生是祖国的未来、民族的希望，高校是为党育人、为国育才，培养社会主义建设者与接班人的重要机构，也是各种意识形态交锋的前沿阵地。面对新的自媒体环境，高校如何构建其意识形态培育体系、构建的成效如何将直接影响我国高等教育培养的人才质量，影响党和国家事业的成败兴衰。本研究通过问卷调查获得第一手数据，分析当前自媒体环境下我国高校意识形态建设的现状及成因，为最终提出针对性的对策路径打下基础。

第一节 调查问卷设计与实施

为全面掌握高校学生对自媒体的认知与使用情况、自媒体环境下高校意识形态建设工作开展情况以及自媒体环境下高校学生对意识形态建设的认知情况，本书编制了调查问卷，并于2019年9月至12月先后在8所高校，近两千名学生中展开问卷调查，现将调查结果整理如下。

一、问卷设计

（一）设计原则

问卷调查遵循实证研究的规律，从调查工具、调查对象的选择到调查问卷的制定以及数据的统计都要遵循一定的基本原则。其中包括：①客观性原则，即调查对象、过程、结果力求真实，要求调查对象必须是真实的高校在校生，并保证他们在不受任何干扰的状态下填写问卷，能够真实反映我国高校在自媒体环境下意识形态建设的现状及问题；②整体性原则，即意识形态建设是一个整体范畴，本书试图从自媒体环境下大学生对意识形态的认知、认同、践行实效进行考察，力求从整体出发全面反映当前我国高校的意识形态建设现状；③科学性原则，要求问卷的制作、发放、统计符合计量学的科学规律，保证数据真实有效。

（二）设计思路

本书的研究主题是"自媒体环境下我国高校意识形态建设研究"，调查问卷从多个维度对自媒体环境下我国高校意识形态建设的现状进行调查。问卷共包括四个部分，32道题，其中30道选择题，2道开放式问答题。

调查问卷第一部分是对受访者基本信息的考察，其目的在于了解不同性别、文化程度、政治面貌、专业背景的学生对意识形态的理解与感受是否相同。

调查问卷第二部分是对自媒体的认知与使用情况的考察，其目的在于了解当代大学生是否经常使用自媒体平台，以及多数使用什么自媒体平台，并希望通过自媒体平台获取什么样的资讯，特别是对作为传播意识形态主渠道的官方自媒体平台的态度。

调查问卷第三部分是对自媒体环境下高校意识形态建设工作开展情况的考察，其目的在于了解受访者所在高校的意识形态建设工作开展情况，以及在自媒体环境下高校的应变能力和当前存在的问题。包括受访者是否经常浏览该校的官方自媒体平台、受访者所在学校的意识形态教育通常采取的方式以及学生自我感觉学校的意识形态自媒体平台还存在什么问题等。

调查问卷第四部分是对自媒体环境下受访者对该校意识形态建设的认知情况的考察，其目的在于了解受访者所在学校意识形态建设工作进行的效果如何。包括受访者对当前高校意识形态安全的考量、对社会主义核心价值观的认同程度以及感受到自媒体平台多大程度的影响等。最后两道开放式问答题主要希望了解当前大学生对高校加强意识形态建设的态度及对策建议等。

本书调研针对高校思政课教师、辅导员及意识形态相关部门工作人员制订访谈提纲，以期得到更为全面地看待自媒体环境下高校意识形态建设的视角。访谈提纲主要包括 7 道问题，其内容主要涉及自媒体对大学生意识形态的影响、利用自媒体进行意识形态建设的不足、学校面临的困境、社会主流意识形态教育中如何发挥自媒体的作用等方面。

（三）问卷概述

调查问卷以横向纵向交叉兼顾的方式展开。从横向来说，调查问卷中侧重对高校意识形态建设的开展、内容以及实效性进行询问。如第 16 题（您认为本校的官方微信、微博等自媒体平台建设得怎么样？）是对受访者所在高校的意识形态建设开展情况的调查。第 17 题（您认为本校的官方微信、微博等自媒体平台存在的问题有 A.转发文章多，原创文章少　B.新闻多，理论少　C.发布数量多，质量差　D.更新慢，内容少　E.与学生缺乏互动，贴合学生需要不够　F.不清楚　G.其他）是对受访者所在高校意识形态建设的内容的考察。第 15 题（您认为学校、辅导员和教师的自媒体账号发布的内容对您的价值观塑造是否有帮助？）则是对受访者所在高校意识形态实效性的考察。

从纵向来说，调查问卷侧重大学生对我国主流意识形态的认知、认同与践行等方面。如第 24 题（您认为作为高校学生，认同并践行社会主义核心价值观是否有必要？）、第 25 题[您比较看重的节日依次是哪几项？第一位是____第二位是____第三位是____，其他（请注明）。A.圣诞节　B.春节C.感恩节　D.国庆节　E.元宵节　F.清明节　G.端午节　H.中国人民抗日战争胜利纪念日　I.万圣节　J.情人节　K.中秋节　L.劳动节]都是对受访者对我国主流意识形态认知层面的考察。第27题[您对热点问题的看法参照的基本标准是？（可多选）A.马克思主义经典作家的观点　B.网上公知、大V的观点　C.官方自媒体发布的观点　D.辅导员、思政课教师的观点　E.点赞最多的评论　F."知情"网友的爆料　G.身边人的看法　H.有自己的看法　I.说不清楚]是考察受访者对我国主流意识形态的认同情况。第28题(当自媒体上的观点和自己的观点不一致时,您的态度是_____。A.认同官方媒体或学校老师的解读　B.反对,只支持和自己观点一致的言论　C.不理解,不理睬　D.积极关注,认真反思)则是考察高校意识形态建设的效果有没有真正融入学生的行为。

二、研究过程

（一）样本来源

为提高调查问卷的信度与效度,采取抽样调查的方式,以郑州大学、吉林大学、东华大学、湖南大学、河南工业大学、河南农业大学、河南牧业经济学院、郑州财经学院8所高校的专科生、本科生与研究生为样本,采用抽样调查的方式随机选取调查对象。选取的8所高校结构合理。

从地域分布来看,8所高校中既有位于东北的吉林大学,又有位于南方的湖南大学、东华大学,更有处于中部的郑州大学、河南工业大学、河南农业大学、河南牧业经济学院、郑州财经学院。

从办学层次来看,既有郑州大学、吉林大学、东华大学、湖南大学等"双一流建设"或"双一流学科建设"高校,也有办学特点鲜明的河南工业大学、河南农业大学、河南牧业经济学院等高校,还包括了郑州财经学院这类民办本科高校。

从学校性质来看,既有郑州大学、吉林大学、湖南大学这类综合性高校,也有河南工业大学、河南农业大学、河南牧业经济学院、郑州财经学院等各具特点的工科、理科、农科类高校。

本书调研高校地域覆盖范围广、层次清晰、结构合理,在我国各类高校中具有极高的代表性,因此在很大程度上保障了调查结果的真实可靠。

(二)样本结构

调查问卷共发出1930份,其中郑州大学发放问卷500份,吉林大学、东华大学、湖南大学各210份,河南工业大学、河南农业大学、河南牧业经济学院、郑州财经学院各200份。共回收有效问卷1869份,占发放比例的96.839%,回收问卷真实有效。从学科门类来说,调查问卷发放覆盖了文、理、工、医、农五大学科,其中文科、理科、工科各发放了510份问卷,医科与农科各发放了200份问卷,分布比例如图3-1所示。

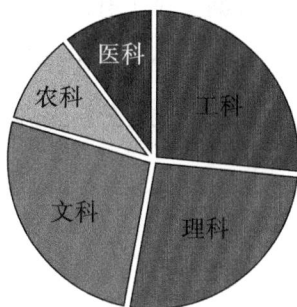

图3-1　问卷调查学科门类分布

从调查对象的学历层次和年级来说,为确保调查对象对高校意识形态建设现状有一定程度的了解,本调查选取的样本均是在校一年以上的二、三年级学生。其中专科生400人,本科生810人,硕士研究生530人,博士研究生190人,分布比例如图3-2所示。

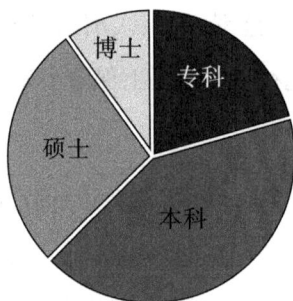

图3-2 问卷调查学历层次

（三）问卷回收与统计

所有问卷分为纸质版与电子版进行发放与回收，回收后先经过筛选，将无效问卷销毁，避免师生信息外漏。对于有效问卷，将其数据输入计算机中通过数学统计的方法计算百分比，此外还将根据研究的实际需要，通过统计学软件进行数据分析，将数据留存并进行分析整理。

三、基础数据分析

（一）性别比例分析

在本书调查的1869例样本中，男生共990人，占比52.97%；女生共879人，占比47.03%，男女比例基本平衡。其目的在于避免由于男女生对意识形态领域的关注不同导致结果出现偏差，反映不出高校意识形态建设的真实情况。具体占比如图3-3所示。

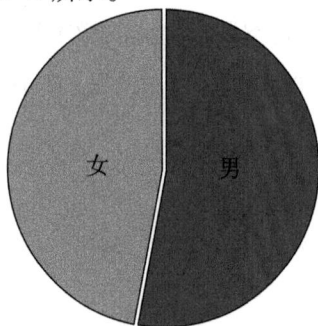

图3-3 问卷有效样本性别

（二）学历层次分析

不同学历层次对自媒体以及高校意识形态建设的理解程度是不同的，考虑到一年级的学生可能还没有熟悉校园环境，对学校的一些持续性意识形态教育方式不能清晰地掌握，所以本书选取的样本都是二年级及以上的学生。同时考虑到高校教育的主体是本科生，所以有效样本中本科生人数最多，共 855 人，占比 45.75%；其次是硕士研究生，共 486 人，占比 26%；再次是专科生，共 348 人，占比 18.62%；最后是博士研究生，共 180 人，占比 9.63%。各不同学历层次占比如图 3-4 所示。

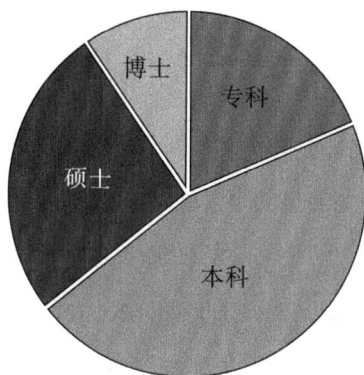

图3-4 问卷有效样本的学历层次

（三）政治面貌分析

不同的政治面貌对意识形态的感受能力也有所不同，当前我国高校学生主要是由共青团员与党员构成，还有少量的民主党派与群众。调查样本中共有中共党员 267 人，占比 14.29%；民主党派成员 4 人，占比 0.21%；共青团员 1446 人，占比 77.37%；群众 152 人，占比 8.13%。不同政治面貌占比如图 3-5 所示。

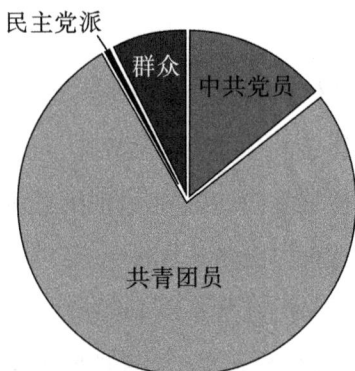

图3-5 问卷有效样本的政治面貌

（四）专业背景分析

不同的专业背景对高校意识形态建设的理解也有所不同，一些文科专业的学生由于掌握较多的专业知识，对高校意识形态建设的理解就更加深入，一些理工科专业的学生则对高校意识形态建设不太敏感。调查样本中共有文科生395人，占比21.13%；理科生453人，占比24.24%；工科生446人，占比23.86%；医科生216人，占比11.56%；农科生341人，占比18.25%；其他专业18人，占比0.96%，各学科人员占比得当。不同专业背景占比如图3-6所示。

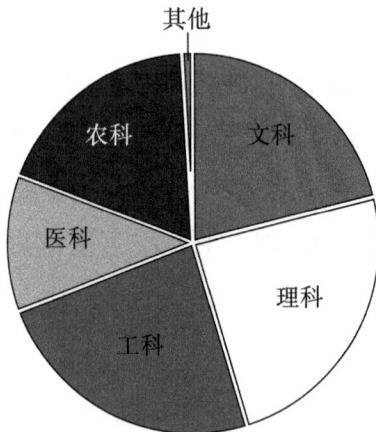

图3-6 问卷有效样本的专业背景

四、总体概况

(一)自媒体已成为大学生日常生活的主要工具

对"您平时经常登录哪些自媒体平台?"这个问题的回答,如图3-7所示,可以看出当前大学生使用最多的自媒体平台是微信、QQ和微博,其中选择微信的有1677人,占总人数的89.7%;选择QQ的有1390人,占总人数的74.4%;选择微博的有1328人,占总人数的71.1%。除此之外,还有22.5%的学生使用贴吧,31.4%的学生使用知乎,20.7%的学生使用抖音、快手等短视频平台。其中博客、BBS、今日头条与陌陌、探探等社交平台使用人数较少,分别占总人数的5.7%、6.3%、9.2%、1.6%。另外2.1%的学生使用其他自媒体平台,0.3%的学生从不登录自媒体平台。可见自媒体已经成为当代大学生必不可少的工具。

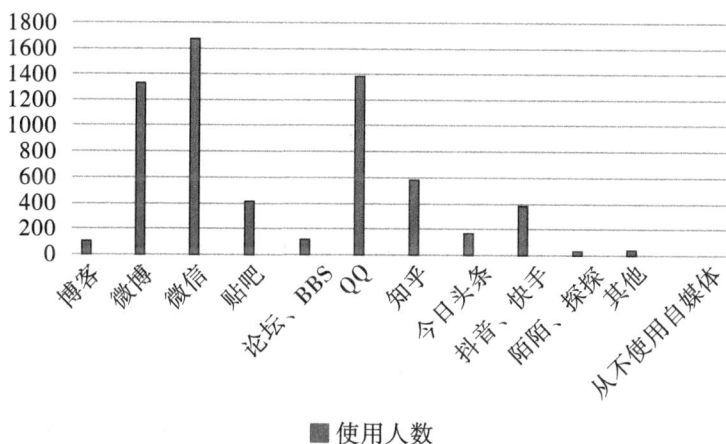

图3-7 大学生自媒体平台使用情况

在"您平均每天累计使用自媒体的时间为?"这个问题上,每天使用1~3小时的学生人数最多,有909人,占总比例的48.5%;每天使用3~5小时的学生有442人,占总比例的23.6%;还有17.7%的学生每天要使用5小时以上的自媒体;只有9.5%的学生每天使用自媒体不到一个小时。可见自媒体在当代大学生生活中所占比例较高。

在"您使用自媒体的主要目的是?"这个问题上,如图3-8所示,社交成为当代大学生使用自媒体的主要目的,共有745位学生将社交放在第一顺位,占总人数的39.8%;获取资讯成为当代大学生使用自媒体的主要目的之一,共有682位学生选择获取资讯,占总人数的36.4%;有605位学生选择学习,占总人数的32.3%;有513位学生选择娱乐,占总人数的27.4%;有844位学生选择购物,占总人数的45.1%。在自媒体的使用目的中,排在前三位的分别是购物、社交、获取资讯,这些目的都与意识形态传播息息相关,这为自媒体提高意识形态传播与教育的实效性提供了客观条件。

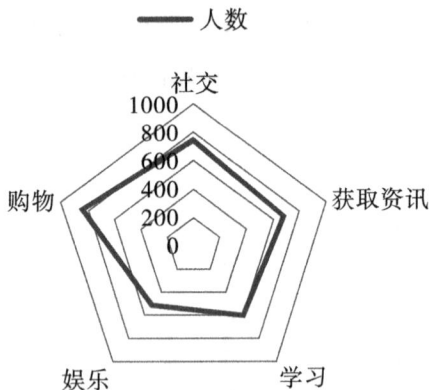

图3-8 大学生使用自媒体的主要目的

(二) 自媒体成为大学生关注公众事件的重要渠道

在"您对自媒体平台上关于公众事件的关注程度是?"这个问题上,通常关注、经常参与的人数最多,共799人,占比42.75%;其中还有345位学生可以做到时刻关注、积极参与,占比18.46%,可见当代大学生在自媒体平台中大多数还是关注公众事件的。根本不关注、不参与的学生极少,只有37人,占比1.98%;其中一般不关注、偶尔参与的人数有687人,占比36.76%,这也暴露了一些高校大学生政治参与度不高的问题。

对"如果一天时间内不允许浏览任何自媒体,您会有什么感受?"这个问题,1158 名学生选择了可以忍受,但总感觉缺少什么,占比 61.9%;还有 178 位学生选择了心神不宁,无法忍受,占比 9.5%,可见自媒体已经深入大学生的生活中成为其生活重要的组成部分。当然,还有 27.2% 的学生表示一天之内不允许浏览任何自媒体无所谓,没什么感觉,这 510 位学生可能主要是没有真实经历,存在想当然的可能性。当然并不排除一部分学生对自媒体没有任何依赖,但可能占比极少。

在"您认为当前自媒体平台存在哪些问题?"这个问题上,如图 3-9 所示,1235 名学生认为存在恶意炒作的问题,占比 66.1%;1237 名学生认为存在造谣传谣问题,占比 66.2%;1031 名学生认为存在"庸俗、低俗、媚俗"泛滥的问题,占比 55.2%;1336 名学生认为存在娱乐化倾向严重的问题,占比 71.5%;1162 名学生认为存在标题党的问题,占比 62.2%;981 名学生认为存在网络暴力的问题,占比 52.5%;884 名学生认为需要加强监管,占比 47.3%;71 名学生认为还存在其他的问题,占比 3.8%。对于这一问题的投票普遍占比较高,可见当代大学生对自媒体中的各种乱象也有着清醒的认识,并且深恶痛绝。这为作为自媒体中的一股清流的官方自媒体平台的出场奠定了心理基础。

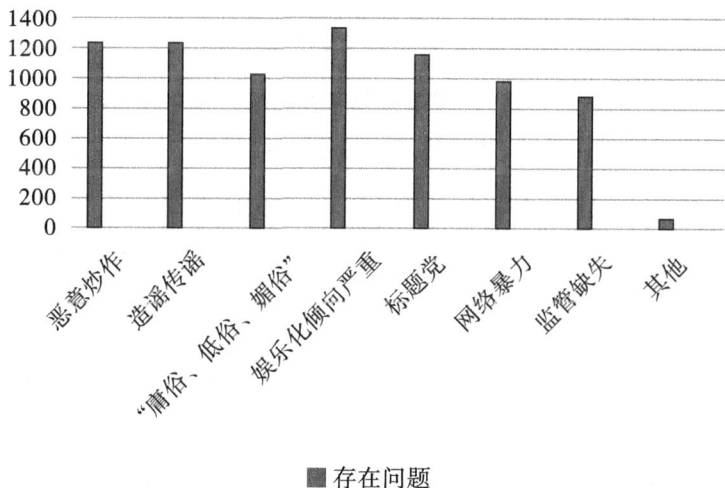

图 3-9 自媒体平台存在哪些问题

在"您认为造成上述问题的原因有?"这个问题上,有 1203 位学生认为法律法规不完善造成了上述问题,占比 64.4%;有 1484 位学生认为网络环境亟待净化造成了上述问题,占比 79.4%;有 1271 位学生认为缺乏科学监管造成了上述问题,占比 68%;有 1216 位学生认为识别水平有待提高造成了上述问题,占比 65.1%;有 1290 位学生认为价值观念有待提升造成了上述问题,占比 69%;有 47 位学生认为其他原因造成了上述问题,占比 2.5%。其中占比最高的前三位是网络环境亟待净化、价值观念有待提升、缺乏科学监管,可见大学生对于治理自媒体中的乱象有所期待,只要高校意识形态建设符合自媒体治理规律,一定会取得事半功倍的效果。

(三)主流自媒体在大学生群体中获得广泛认同

在"您关注类似'人民日报''央视新闻''中国青年报'等时政类官方自媒体账号的情况是?"这个问题上,只有 69 位学生选择了从不关注,占比 3.6%,可见"人民日报""央视新闻""中国青年报"等时政类官方自媒体账号在大学生中的关注率已经非常高了。但是只有 320 位学生选择每天都看,占比只有 17.1%,可见其点击率与普及率亟待提高。还有 713 位与 766 位学生选择偶尔看看与有时间会看,占比分别为 38.1% 和 40.9%,可见多数学生还是愿意看这类公众号,只是缺乏有效引导而已。

在"您是否在自己的自媒体账号上转发过类似'人民日报''央视新闻''中国青年报'等时政类官方自媒体账号发布的内容?"这个问题上,偶尔转发的学生最多,共 1123 人,占比 60%;每天转发的只有 31 人,占比 1.6%;经常转发的只有 181 人,占比 9.6%。可见长期关注这类自媒体账号的多,但主动承担意识形态传播任务的大学生还非常有限。其中有 532 人从不转发,占比 28.4%,可见还有将近三分之一的学生没有这种自觉意识,缺乏有效引领。

在"您会在自媒体平台公开发表自己的看法吗?"这个问题上,人数最多的是基本不会,只是潜水看新闻,有 931 人,占比 49.8%;经常发布评论与从不发布任何看法的人都很少,分别有 96 人与 191 人,占比为 5.1% 和 10.2% ;还有 651 位学生只有在遇到与自己关系密切的新闻事件时,偶尔会发表自己的观点,占比 34.8% 。可见大学生在自媒体平台上更多的是作为一种旁观者的角度,很少会主动发布内容,但当代大学生作为受过高等教育的社会主义建设者,是未来自媒体中的中流砥柱,具有巨大的潜力值得挖掘。

第二节　自媒体环境下我国高校意识形态建设呈现良好态势

从调查分析可以看出,由于党中央以及各高校对高校意识形态建设工作的重视,大学生意识形态教育的成效是显著的,当前高校的意识形态建设工作整体呈现出积极向上的趋势。各个高校已经逐渐意识到自媒体环境对高校意识形态的影响,开始探索自媒体环境下意识形态建设工作的发展规律,并应用于具体工作中。但是面对自媒体的迅猛发展,本书调查也发现一些高校意识形态建设工作中的不足之处,本着高度重视、防微杜渐的态度,现将自媒体环境下我国高校意识形态建设的现状分析如下。

一、建设内容充实具体

在第 30 题价值判断题中,对于"共产主义必将实现",1351 人选择非常赞同,占比 72.2% ;对于"西方反华势力仍大有人在,要时刻保持警惕",1417 人选择非常赞同,占比 75.8% ;对于"中华优秀传统文化将在世界产生更大影响",1444 人选择非常赞同,占比 77.2% ;对于"中华民族是一个命运共同体",1412 人选择非常赞同,占比 75.5% ;对于"网络文化恶搞是一种娱乐方式",686 人选择完全不赞同,占比 36.7% ;对于"作为中国人,我感到骄傲和自豪",1745 人选择非常赞同,占比 93.3% 。由数据可知,认同度最高的是"作为中国人,我感到骄傲和自豪",可见在大学生心中民族和国家的认同度最高,这些都是高校意识形态建设多年的成果,说明在我国大学生中社会主义意识形态还是占主导地位。高校意识形态建设的目标就在于引领学生、凝聚人心,努力培养能够担当民族复兴大任的时代新人,由以上调查结果可知我国高校意识形态建设还是取得了一定成效,建设内容较为具体充实。自媒体环境下高校意识形态建设要紧紧围绕"培养什么人、怎样培养人、为谁培养人"这一教育的根本问题,充分发挥价值引领、教育规范、提升整合的作用,扎实做好青年学生的思想引导和价值观培养工作,为高校切实履行立德树人根本任务提供坚强的思想保证。

二、建设渠道充分有效

在"您认为本校的官方微信、微博等自媒体平台建设得怎么样?"这个问题上,在作答的学生中,273 位学生认为非常好,占比 14.6% ;723 位学生认为好,占比 38.7%,可见超过半数的学生认为该学校的官方微信、微博等自媒体平台建设得不错。还有 628 位学生认为一般,占比 33.6%。此外有 93 位学生认为不太好,有 35 位学生认为非常不好,分别占比 5.0% 与 1.9%。另外还有 104 位学生表示不太了解,占比 5.6%。说明高校的官方微信、微博在宣传上还有不少进步的空间。

在"您认为本校的官方微信、微博等自媒体平台存在的问题有?"这个问题上,如图 3-10 所示,有 450 人认为该校官方微信、微博等自媒体平台转发文章多、原创文章少,占比 24.1% ;有 501 人认为该校官方微信、微博等自媒体平台新闻多、理论少,占比 26.9% ;有 513 人认为该校官方微信、微博等自媒体平台发布数量多、质量差,占比 27.4% ;有 519 人认为该校官方微信、微博等自媒体平台更新慢、内容少,占比 27.8% ;有 914 人认为该校官方微信、微博等自媒体平台与学生缺乏互动,贴合学生需要不够,占比 49%,可见这是所有高校官媒的通病;还有 245 人选择了不清楚,16 人选择了其他,分别占比 13.1% 和 0.9%,可见高校对其官方自媒体平台的宣传力度还有待加强。

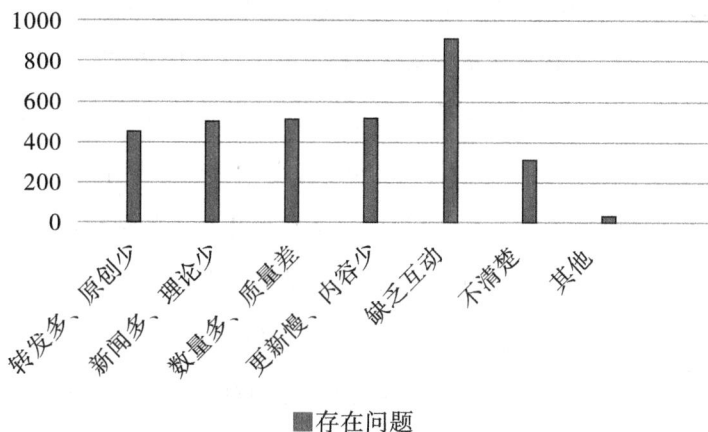

■存在问题

图 3-10　高校官方自媒体平台存在的问题

超过半数的学生认为该学校的官方微信、微博等自媒体平台建设得不错。可见近年来,各个高校都已经意识到多元的、贴近学生生活的宣传更加有效,"人民日报""央视新闻""共青团中央"也纷纷推出一些轻松活泼的自媒体产品来扩大主流意识形态的影响。在 2019 年庆祝祖国 70 华诞的活动中,新华社也推出了一些 H5 产品(互动式多媒体页面),如"点亮中国红,为共和国庆生!"等活动,献礼电影《我和我的祖国》一经上映,便在自媒体平台中引起热议,掀起了一波爱国主义教育的高潮。从高校意识形态建设来看,高校思政课程作为其最重要的意识形态传播载体,很少有能与自媒体深度融合的。2020 年各高校相继出台了线上教学计划,特别是思政课线上教学受到了各个高校主要领导的重视,一定程度上推动了思政课程与自媒体的结合,使得高校意识形态建设载体更为充分有效。

三、建设环境成型可靠

在"您所在学校开展意识形态教育的主要方式有?"这个问题上,1031 位学生所在的学校选择了课堂传授的方式,占比 55.2%;1263 位学生所在的学校选择了讲座报告的方式,占比 67.6%;900 位学生所在的学校选择了参观学习的方式,占比48.2%;911位学生所在的学校选择了组织实践的方式,占比48.7%;587位学生所在的学校选择了榜样示范的方式,占比31.4%;948位学生所在的学校选择了党团日主题活动的方式,占比50.7%;826位学生所在的学校选择了网上宣传的方式,占比44.2%;245位学生所在的学校选择了学习研讨的方式,占比13.1%;16位学生所在的学校选择了其他的方式,占比0.9%。排在前三位的教育方式是讲座报告、课堂传授、党团日主题活动,可见我国高校的意识形态教育方式依然停留在传统模式中,并没有很好地结合自媒体平台有效运用,这也是造成我国当前意识形态教育难以跟上时代发展的主要原因。

当前我国高校开展意识形态教育手段多样、分类均衡,理论实践相结合、隐性显性相统一趋势明显,建设环境基本成型,教育手段多元可靠。党中央高度重视高校意识形态建设环境,2017年12月教育部发布的《高校思想政治工作质量提升工程实施纲要》规划了课程、科研、实践、文化、网络、心理、管理、服务、资助、组织等"十大育人"体系,用大数据布局高校"一体化"育人平台。2018年3月发布的《2018年教育信息化和网络安全工作要点》中提出,由思政司负责,着力加强全国高校思政工作网和校园网联盟,成立省级高校网络思想政治教育中心,继续推动易班和中国大学生在线全国共建。2019年8月,中共中央办公厅、国务院办公厅印发了《关于深化新时代学校思想政治理论课改革创新的若干意见》,强调"坚持思政课在课程体系中的政治引领和价值引领作用,统筹大中小学思政课一体化建设"[1]。正如恩格斯指出的那样:"我们抓不住整体的联系,就会纠缠在一个接一个的矛盾之中。"[2]我国意识形态建设环境就要从整体着眼,满足高校意识形态建设的现实需求。

---

① 《中办国办印发〈意见〉深化新时代学校思想政治理论课改革创新》,《人民日报》2019年8月15日,第1版。

② 《马克思恩格斯全集》(第20卷),人民出版社,1971,第506页。

四、建设队伍安排合理

在"您认为学校、辅导员和教师的自媒体账号发布的内容对您的价值观塑造是否有帮助?"这个问题上,如图3-11所示,312位学生认为很有帮助,占比16.7%;753位学生认为有帮助,占比40.3%,可见超过半数的学生认为高校意识形态建设队伍在自媒体账号上发布的内容,是能够对其价值观的塑造产生影响的。还有583位学生认为一般,占比31.2%。此外有180位学生认为基本没有帮助,有41位学生认为完全没有帮助,分别占比9.6%与2.2%。只有大约十分之一的学生认为高校意识形态建设队伍在自媒体中发布的内容对他们没有帮助。

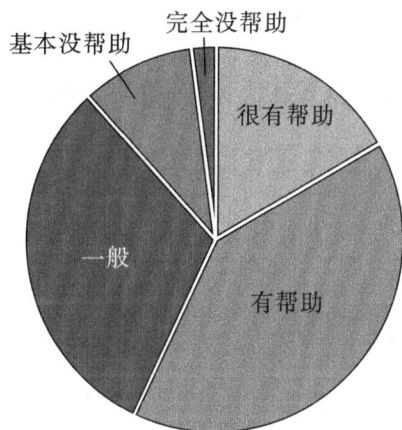

图3-11　学校、辅导员和教师的自媒体账号对
学生价值观塑造的帮助程度

可见当前大学生对本校意识形态建设队伍的工作持肯定态度,学生也愿意通过自媒体与老师们进行交流。我国历来重视高校意识形态工作队伍建设,教育部在2006年9月就颁布实施了《普通高等学校辅导员队伍建设规定》(教育部令第24号),明确了辅导员的专业培训要求和发展通道,保障了辅导员的稳定性,全国高校的思想政治教育队伍整体素质水平、年龄结构、

专业结构、教师数量配置都有了极大的改观,基本满足了大学生培养需求。①2015年开始以北京大学为首的多个高校设立党委教师工作部,主抓高校教师的师德师风建设。2019年习近平总书记在学校思想政治理论课教师座谈会上指出:"办好思想政治理论课关键在教师,关键在发挥教师的积极性、主动性、创造性。思政课教师,要给学生心灵埋下真善美的种子,引导学生扣好人生第一粒扣子。"②此外,通过一系列的努力,思想政治理论课在学生心中从原来的"点名课"变成现在的"网红课",一个个诸如南京航空航天大学马克思主义学院党委书记徐川等正能量的"网红"、自媒体中的"意见领袖"开始成长起来,"自干五"(自发支持政府立场的网民)的队伍战斗力日益增强,在学生中引起极大反响。

第三节　自媒体环境下我国高校意识形态建设应关注的现象和问题

一、建设内容时代性滞后

在"您对热点问题的看法参照的基本标准是?"这个问题上,如图3-12所示,532位学生将马克思主义经典作家的观点作为自己对热点看法参照的基本标准,占比28.5%;547位学生将"网上公知""大V"的观点作为自己对热点看法参照的基本标准,占比29.3%;617位学生将官方自媒体发布的观点作为自己对热点看法参照的基本标准,占比32.9%;383位学生将辅导员、思政课教师的观点作为自己对热点看法参照的基本标准,占比20.5%;228

---

① 翁铁慧:《高校辅导员队伍建设论纲》,人民出版社,2014,第14页。
② 习近平:《用新时代中国特色社会主义思想铸魂育人　贯彻党的教育方针落实立德树人根本任务》,《人民日报》2019年3月19日,第1版。

位学生将点赞最多的评论作为自己对热点看法参照的基本标准,占比12.2%;234 位学生将"知情"网友的爆料作为自己对热点看法参照的基本标准,占比12.5%;237 位学生将身边人的看法作为自己对热点看法参照的基本标准,占比12.7%;另外,1035 位学生碰到热点问题有自己的看法,占比55.4%;102 位学生选择说不清楚,占比5.5%。数据统计说明当代大学生碰到热点问题首先相信自己的看法,其次对马克思主义经典作家的观点,"网上公知""大 V"的观点,官方自媒体发布的观点,辅导员、思政课教师的观点态度基本持平,这暴露了我国高校在自媒体上对马克思主义经典作家的观点介绍不足,也反映了自媒体平台虽然对大学生价值判断的影响很大,但在自媒体平台中以马克思主义理论解释、解决当下社会热点问题的意识和能力有待提升,自媒体平台的建设内容时代性有待加强。

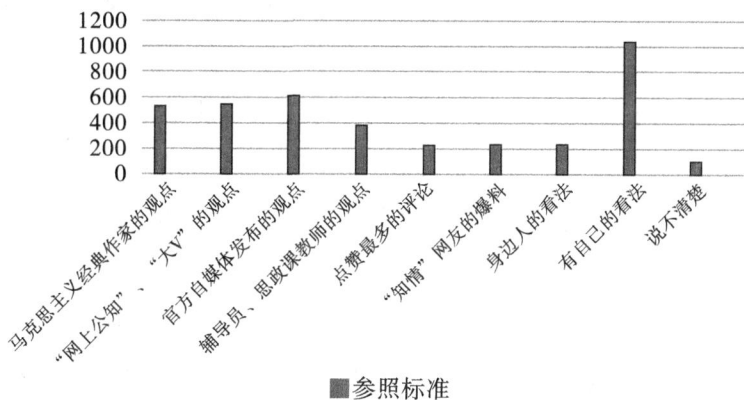

图3-12　对热点问题的看法参照的基本标准

在"您比较看重的节日依次是哪几项?"这个问题上,选择人数最多的是春节,共有 1587 人,占比 84.9%,可见春节在我国大学生心中依然具有不可动摇的地位。选择人数居第二位的是国庆节,共有 1067 人选择,占比 57%,可见近年来我国高校的爱国主义教育初见成效。选择人数居第三位的是中秋节,共有 426 人,占比 22.7%。由此可见,我国大学生受中华优秀传统文化与爱国主义教育的影响依然很深。但还有 15.1% 的人选择了国外节日，可见我国大学生近年来受外来文化的影响也较为严重，反映了西方意识形态渗透对我国大学生的影响。

在"您判断人生价值的标准是什么？"这个问题上，1421 位学生将对社会贡献的大小作为判断人生价值的标准，占比 76%；426 位学生将社会地位的高低作为判断人生价值的标准，占比 22.8%；282 位学生将金钱的多少作为判断人生价值的标准，占比 15.1%；582 位学生将名誉的好坏作为判断人生价值的标准，占比 31.1%；182 位学生将个人的利益作为判断人生价值的标准，占比 9.7%；1427 位学生将自我价值的实现作为判断人生价值的标准，占比 76.4%；另外有 28 位学生选择其他，占比 1.5%。其中选择人数排前三的有自我价值的实现、对社会贡献的大小与名誉的好坏，符合社会主义主流意识形态，但还有一些学生的选择出现较大偏差，意识形态教育还应继续加强。

从学生的角度来说，对意识形态教育不感兴趣，缺乏持续动力，网络信息纷繁复杂、易动摇成为影响高校意识形态建设实效的最重要的三个原因。由此可见，自媒体环境下意识形态构建应该更贴合学生生活实际，用学生能听懂、想听到的话讲道理。

首先，可以从学生的人际关系、恋爱生活、学习就业、心理健康等方面入手与学生进行沟通交流，将意识形态内容扩展到学生生活的方方面面，避免单调枯燥的课堂教学引起学生对意识形态教育整体行为的反感。要将习近平总书记提出的坚持理论性和实践性相统一落到实处，改变当前高校重理论轻实践的教学现状。同时要重视时代发展对意识形态建设发展提出的要求，当前意识形态对学生的影响不能只停留在现实世界，还应注重虚拟世界中对学生的教育，而虚拟世界往往反映学生内心最真实的想法。

其次，要进一步提高大学生使用自媒体的媒介素养。虽然调查显示99% 以上的大学生平时生活中都要使用自媒体平台，且 90.5% 的学生每天要使用自媒体一个小时以上，但对自媒体的使用缺乏一个系统科学的教育。

一方面,大学生使用自媒体缺乏节制,很容易沉迷自媒体对身心造成不好的影响,有17.7%的学生每天要使用5小时以上的自媒体,可见他们缺乏科学管理。另一方面,在使用自媒体的目的上,约40%的学生将社交放在第一位,看新闻、购物等排名也都比较靠前,但很少有学生选择使用自媒体来进行学习,可见他们在自媒体的使用中娱乐性较强而学习性较弱。

最后,自媒体中大学生理想信念教育亟待加强。大学生的理想信念主要是在参与政治活动中表现出来的,但是自媒体中只有17.1%的学生会每天浏览"人民日报""央视新闻""中国青年报"等时政类官方自媒体账号,有40.9%的学生也只是偶尔看看,可见超过五成的大学生对于这种传播主流意识形态的窗口自媒体关注度不够。反而是以时尚购物、体育游戏为主要内容的自媒体平台深受学生追捧。

二、建设渠道利用率不高

在"您认为影响学校意识形态建设实效的学生自身原因有?"这个问题上,666位学生认为学业繁重影响了学校意识形态建设的实效,占比36%;479位学生认为难理解教育内容影响了学校意识形态建设的实效,占比25.5%;526位学生认为意义不大影响了学校意识形态建设的实效,占比28.1%;983位学生认为对意识形态不感兴趣影响了学校意识形态建设的实效,占比52.6%;567位学生认为接触平台少影响了学校意识形态建设的实效,占比30.3%;970位学生认为缺乏持续动力影响了学校意识形态建设的实效,占比51.9%;815位学生认为网络信息纷繁复杂、易动摇影响了学校意识形态建设的实效,占比43.6%;还有10位学生选择了其他,占比0.5%。其中排在前三位的理由是对意识形态不感兴趣,缺乏持续动力,网络信息纷繁复杂、易动摇,可见意识形态建设必须符合传播学规律,才能让学生提起学习兴趣,提升学习动力,摒除外界干扰。

在"您认为所在学校意识形态工作者的教育管理工作存在哪些问题?"这个问题上,467位学生认为该校意识形态工作者在教育管理中存在政治素质不过硬的问题,占比25%;768位学生认为该校意识形态工作者在教育管理中存在教育理论陈旧的问题,占比41.1%;478位学生认为该校意识形态工作者在教育管理中存在理论水平不高的问题,占比25.6%;750位学生认为该校意识形态工作者在教育管理中存在教育内容重复的问题,占比40.1%;386位学生认为该校意识形态工作者在教育管理中存在工作态度不积极的问题,占比20.7%;999位学生认为该校意识形态工作者在教育管理中存在教育方法单一的问题,占比53.5%;321位学生认为该校意识形态工作者在教育管理中存在与社会现实脱节的问题,占比17.2%;892位学生认为该校意识形态工作者在教育管理中存在与学生沟通不够的问题,占比47.7%;28位学生认为还有其他问题,占比1.5%。所有问题中最为突出的三个问题为教育方法单一、与学生沟通不够、教育理论陈旧,这些都是传统教学模式中最为突出的三个问题,而这三个问题正好可以结合自媒体的特点得到有效解决,这正反映了将自媒体引进意识形态建设的必要性。

从自媒体发展本身来看,随着自媒体技术的发展,超过九成的学生认为自媒体会对高校意识形态安全产生影响,超过八成的学生认为在高校进行意识形态建设仍然很有必要。我国高校中普遍存在自媒体平台没有被充分开发应用的问题,当问到学生"您所在学校开展意识形态教育的主要方式有?"时,排在前三位的依然是讲座报告、课堂传授、党团日主题活动,可见我国高校意识形态教育载体依然没有摆脱过往的窠臼,而通过互联网宣传的载体仅仅排在第六位,可见自媒体载体在高校中的利用率不高。当前微信、QQ和微博成为最受学生欢迎的自媒体平台,发展其成为高校意识形态建设的载体应该是符合时代发展要求的。这一资源却没有得到充分利用,尚未受到我国高校的开发、整合和保护,特别是校园自媒体平台并未真正地运用到意识形态建设工作当中,多数学校只是将其作为一个信息发布的工具。从高校意识形态建设的组织来看,高校内部对于意识形态建设的重要意义的认知、对于是否要结合自媒体进行意识形态建设的认知都不相同,导致在具体行动中出现偏差。多数高校的意识形态建设组织都多少存在着协调不力、工作内容重复、运行方式落后、结构安排不合理等现象。

三、建设环境保护机制落后

在"您认为高校进行意识形态建设是否有必要?"这个问题上,854 位学生认为很有必要,占比 45.6% ;770 位学生认为有必要,占比 41.1% ,可见超过八成的学生认为在高校进行意识形态建设是有必要的,这说明在高校进行意识形态建设具有很好的学生基础,能够受到大家的配合与肯定。还有 182 位学生认为一般,40 位学生认为没什么必要,12 位学生认为完全没必要,三者分别占比 9.7% 、2.1% 、0.6% ,可见意识形态教育还需继续加强。

在"您认为当前高校意识形态安全现状是?"这个问题上,128 位学生认为当前我国高校意识形态非常安全,占比 6.8% ;826 位学生认为当前我国高校意识形态安全,占比 44.1% ;813 位学生认为当前我国高校意识形态安全状况不好判断,占比 43.4% ;93 位学生认为当前我国高校意识形态很危险,占比 4.9% ;9 位学生认为当前我国高校意识形态非常危险,占比 0.4% 。可见我国大学生对高校意识形态安全保持乐观态度,有着一定的信心,还有四成左右的大学生对于这一情况并不了解,说明我国高校的意识形态宣传还不够到位,高校意识形态建设环境有待加强。另外有些学生认为当前我国高校意识形态安全状况不太乐观,可能是保持一种居安思危的心态,也可能是对意识形态斗争持谨慎态度,可见高校意识形态建设环境的保护机制还不够到位。

在"您认为自媒体环境对高校意识形态安全是否有影响?"这个问题上,786 位学生认为自媒体环境对高校意识形态安全很有影响,占比 42% ;905 位学生认为自媒体环境对高校意识形态安全有影响但影响不大,占比 48.4% ,可见超过九成的学生认为自媒体会对高校意识形态安全产生影响,但对于能够产生多大影响存在分歧。77 位学生认为自媒体对高校意识形态安全没有影响,98 位学生选择不是很清楚,分别占比 4.1% 、5.2% 。

四、建设队伍专业能力不足

在"当自媒体上的观点和自己的看法观点不一致时,您的态度是?"这个问题上,只有 297 位学生选择认同官方媒体或学校老师的解读,占比 15.8%,可见官方媒体或学校老师在学生心中的公信力非常有限。还有 232 位学生选择反对,只支持和自己观点一致的言论,占比 12.4%,可见这种无脑反对、盲目自信的情况在大学生中也不多见;264 位学生选择不理解也不理睬,占比 14.1%,可见这种事不关己高高挂起的情绪在大学生中也不多;有 1049 位学生选择积极关注,认真反思,占比 56.1%,可见大学生对于网上言论会有自己的思考,但对于除自己以外包括学校官媒与老师都不太信任。在第 31 题开放问答题"您认为自媒体环境下学校加强意识形态建设应当从哪些方面进行"这个问题中,有学生认为要正确引导管控网络环境挑战,加强网络环境监控,加强对学生群体的了解和沟通,建设贴近生活的组织生活。有学生提出从宣传方面多丰富宣传方式,从教育方面积极更新教育理论,从学习方面多鼓励学生学习。还有学生建议加强官方自媒体的建设,完善平台;时刻与学生保持紧密联系,掌握学生思想状况并引导学生提升政治觉悟;应有对自媒体工作者工作态度的监管机制;媒体应引导学生。还有学生建议老师言传身教,树立好榜样。

可以看出,随着自媒体时代的到来,高校意识形态建设队伍中也有一定的问题,主要包括以下三个方面。

首先,从对教师代表的访谈来看,高校意识形态建设队伍中有些教师不能熟练掌握自媒体技术,甚至个别根本就不使用自媒体,在教学环节中也存在对自媒体不敢用、不会用、不愿用的问题。另外很多高校在人员配比上还是沿用传统教育模式的要求,很多官方自媒体平台虽然建立起来,但是缺乏专业人员维护、更新与运营,他们的自媒体使用技术参差不齐,从而导致这些官方自媒体平台运营质量不一。

其次,就当前高校意识形态建设队伍中的人员配置来看,有高校党政负责人、各院系负责学生工作的主管领导、思政课教师和辅导员,阵容整齐强大,但忽略了一部分很重要的人,他们就是导师群体。对于研究生或一部分高校的本科生来说,导师是他们培养的第一责任人,也是学校中对他们影响最大的人,如果将导师也纳入高校意识形态建设队伍中,对学生的影响应该会更大。

最后,当前高校意识形态工作队伍对自媒体的参与热度低,很多人还没有意识到能够通过自媒体达到意识形态隐性教育的目的。通过访谈得知,很多教师没有意识到自媒体中意识形态传播的内容,甚至认为学生不会关注自媒体中的意识形态内容,他们缺乏自媒体意识、缺乏参与自媒体的热情,更缺乏推动自媒体融入高校意识形态建设的意愿,这归根结底还是宣传、研究不到位导致的。

这些问题暴露了自媒体中信息可信度低、信息质量良莠不齐。这也是很多老师和学生不愿意通过自媒体进行意识形态传播的主要原因,要从这些庞杂的信息中筛选有效信息,需要大量的时间和精力。因此自媒体的开放性、随意性、娱乐性环境成为阻碍意识形态传播的主要原因。同时,自媒体的监督体系还不健全,这不是某一所高校的个别问题,而是我国目前网络大环境的通病。不过随着我国整体互联网技术的提升,这一问题得到了有效改善,但就各个高校而言,在维护网络安全建设上投入的人力、物力、资金、技术明显不足,特别是很少有学校设置专门负责运营自媒体的人员,大部分由思政课教师或学生团体兼职运营,极大地影响了这些官方自媒体的运行效率。另外,高校对于舆情防范缺乏有效预警与评价机制。主要表现在一些高校领导对于意识形态安全问题的麻痹大意,或重视思政课堂建设忽视自媒体中意识形态阵地的抢占。部分高校缺乏对于自媒体的网络制度和管理办法,对于自媒体中的意识形态观点缺乏有效的评价体系。实际上学生在自媒体中反映出来的意识形态倾向或价值观念往往是最能反映学生真实心态的。可现今的高校在网络管理系统和评价系统上做得还不够,这对于高校意识形态现状的把握造成一定阻碍。

第四节　自媒体环境下我国高校意识形态
建设问题的成因

相比于通过问卷调查反映出来的当前高校意识形态建设的不足之处，其背后的深层原因则更加值得我们关注。只有对原因深刻彻底地分析，才能对症下药，提出有利于高校意识形态建设、维护我国高校意识形态安全的对策建议。"随着经济全球化内部风险的持续释放、西方国家转嫁危机和中国改革开放进入深水区，我国的意识形态安全可能面临更加严峻的形势。"①自媒体的出现带给整个社会的改变是方方面面的，本书将从社会转型、经济全球化、教师队伍建设以及高校相关配套设施等方面去分析自媒体环境下我国高校意识形态建设问题的成因。

一、社会急剧转型冲击了社会主义主流意识形态的主导地位

改革开放以来我国经历的社会急剧转型必然会对意识形态领域造成一定程度的冲击，主要表现为三个方面。

首先，社会转型冲击了社会主义意识形态的主导地位。改革开放进程的不断推进带来了利益格局的深层次调整，其背后所产生的社会矛盾与问题也不断凸显。特别是自媒体流行以来，对党和政府的监督又多了一重，自媒体中经常曝光出一些地方政府执政中的弊端与不足，这让关注自媒体的大学生很容易对党和政府产生不信任，从而影响对社会主流意识形态的认同。在问卷调查中，在问到"您对热点问题的看法参照的基本标准是?"这个问题时，仅有28.5%的学生选择马克思主义经典作家的观点，仅有20.5%的

---

① 徐成芳、罗家锋：《试论当前中国意识形态安全面临的主要问题》，《政治学研究》2012 年第 6 期，第 19—29 页。

学生将辅导员、思政课教师的观点作为自己对热点问题的看法参照的基本标准，仅有32.9%的学生将官方自媒体发布的观点作为自己对热点问题的看法参照的基本标准，可见当前大学生对社会主义主流意识形态与高校意识形态建设队伍的信任度并不高，这应该引起高校的高度重视。

其次，社会转型影响了当代大学生的价值选择。马克思、恩格斯指出："人们的观念、观点和概念，一句话，人们的意识，随着人们的生活条件、人们的社会关系、人们的社会存在的改变而改变。"①改革开放以来，我国经济体制经历了从计划经济向市场经济的转变，在全国人民逐步走向富裕的同时，也出现了很多道德失范、价值失衡的问题，影响了当代大学生的价值判断。在问卷调查中问到"您判断人生价值的标准是什么？"这个问题的时候，近半数的学生将金钱的多少、个人的利益以及社会地位当作判断人生价值的标准，可见由市场经济带来的拜金主义、消费主义的影响对当代大学生的意识形态构建带来了一定程度的困扰。

最后，科技进步影响了当代大学生的行为方式。随着经济发展，科技的不断进步也改变了人们的生活方式与生产方式。特别是自媒体的运用导致学生厌倦了传统意识形态教育的灌输模式，也失去了钻研马克思主义经典著作的耐心。在自媒体中，大学生更适宜一种碎片化、浅显化的阅读方式，但这种阅读方式很容易造成学生不能从整体上对社会主义意识形态进行把握，因此很难有全面的认识。如果仅仅通过只言片语来理解社会主义意识形态，很容易将其理解为一种目的论或宿命论的乌托邦理论，既没有理论依据，又容易引起学生的排斥情绪，对大学生意识形态教育造成了一定程度上的阻碍。因此，在自媒体环境下必须提高大学生思想的理论性与政治性，戳破浅显的迷雾，重拾深刻的理论。

---

① 《马克思恩格斯选集》(第1卷)，人民出版社，1995，第270页。

二、全球化加剧了我国高校意识形态建设环境的复杂性

党的十九大报告深刻指出："世界正处于大发展大变革大调整时期,和平与发展仍然是时代主题。世界多极化、经济全球化、社会信息化、文化多样化深入发展,全球治理体系和国际秩序变革加速推进……"①而经济全球化则是"一个伴随着意识形态运动的政治过程"②。高校孕育着国家的未来、民族的希望,自然是意识形态斗争的主战场。

首先,全球化带来的各种思潮的影响。随着中国打开国门与世界联通,走进中国的不仅是世界各地的货物,还有各种不良思潮。亨廷顿指出："外国观念的侵入对一个传统社会的稳定造成的威胁,比军队和坦克更彻底。"③冷战结束以后,西方国家就将意识形态渗透作为意识形态斗争的主要手段,尤其是自媒体出现以来,西方的意识形态渗透又有了新的土壤。他们以文化、娱乐产品为外衣,实际上是输出西方那套所谓"民主与自由"的价值理念,在涉世未深的大学生中颇有市场。特别是历史虚无主义,主要通过诋毁党和国家的主要领导人的历史功绩,披着学术与历史的外衣,歪曲历史,美化侵略战争。自媒体中各种思潮林立的状况将直接影响到大学生意识形态观念的塑造,制造高校意识形态安全的隐患。

其次,全球化带来的多元文化的反思。安东尼·吉登斯在《社会学》中强调："全球化的视角开阔了我们的眼界,使我们认识到,我们与世界其他部分不断加强的联系意味着我们的行为会影响到他人,而世界的问题也会影响到我们。"这种我们与世界的双向影响体现在文化的传播与交流上。一方面来说文化间的交流能够丰富本民族的文化,但另一方面不同文化之间的

---

① 习近平:《决胜全面建成小康社会,夺取新时代中国特色社会主义伟大胜利》,人民出版社,2017。

② 郑永廷:《社会主义意识形态研究》,中山大学出版社,2001,第179页。

③ 塞缪尔·亨廷顿:《变化社会中的政治秩序》,王冠华、刘为等译,生活·读书·新知三联书店,1989,第14页。

差异性也极易引发矛盾。比如在问到学生"您比较看重的节日依次是哪几项？"时，春节成为近九成学生的首选，这说明中华优秀传统文化在大学生心中依然占有重要地位，但从第二项开始，圣诞节、情人节等西方节日与我国的中秋节、端午节，选择的人数就非常接近了。这就是全球化对中国传统文化带来的冲击。此外，西方利用自身在全球化中的优势，将"公民意识""普世价值"等"泛西化"的文化强行推广到东方国家，对我国的意识形态建设影响极大，值得引起所有高校的重视。

最后，全球化带来的宗教渗透。宗教渗透的实质还是意识形态渗透，其目的就在于冲击马克思主义意识形态在我国的指导地位，进而从精神上解构我国的国家体制。高校则是西方宗教渗透的首选目标，他们主要是看重大学生处于人生观、价值观形成的阶段，对共产主义信仰还不够坚定，对社会主义理论还不够了解，因此具备被渗透的基本条件。特别是自媒体出现以来，西方宗教渗透的手段更加丰富，更加隐蔽不易察觉。自媒体以其传播内容的海量性，传播的及时性、隐蔽性，影响的广泛性使得境外宗教向高校进行宗教渗透的特点呈现出渗透内容的海量性、渗透手段的多样化、渗透主体的高学历化、渗透对象的主动化等。马克思主义作为我们的信仰，绝不容许任何别有用心的西方国家渗透和颠覆，更何况宗教信仰还涉及民族问题与国家主权，更不容他人置喙，我们对此必须保持清醒的认识与高度的警惕。

三、工作队伍相关能力滞后给非主流意识形态形成活动空间

教师是人类灵魂的工程师，是落实高校立德树人总任务的关键环节，担负着高校意识形态建设的主体责任。我国向来重视对高校教师师德师风的建设，但随着自媒体时代的到来，很多高校教师自身的能力发展并没有跟上时代要求，一些教师中甚至存在立场不坚定、行为有偏差的情况，削弱了高校意识形态建设队伍的权威性与公信力。个别教师抵触自媒体，故步自封，也对自媒体环境下高校意识形态建设的步伐产生一定影响。拥有一批业务能力强、政治素养高、专业结构合理的高校教师意识形态工作队伍是高校意

识形态建设的保障。但当前我国高校意识形态建设队伍的情况并不理想，在问到"您认为所在学校意识形态工作者的教育管理工作存在哪些问题？"时，25%的学生认为该校意识形态工作者在教育管理中存在政治素质不过硬的问题，41.1%的学生认为该校意识形态工作者在教育管理中存在教育理论陈旧的问题，25.6%的学生认为该校意识形态工作者在教育管理中存在理论水平不高的问题，40.1%的学生认为该校意识形态工作者在教育管理中存在教育内容重复的问题，20.7%的学生认为该校意识形态工作者在教育管理中存在工作态度不积极的问题，53.5%的学生认为该校意识形态工作者在教育管理中存在教育方法单一的问题，17.2%的学生认为该校意识形态工作者在教育管理中存在与社会现实脱节的问题，47.7%的学生认为该校意识形态工作者在教育管理中存在与学生沟通不够的问题。

造成这种情况的原因主要有三个。首先，存在对意识形态建设工作者政治素质把关不严的问题，一些教师打着学术研究的旗号传播与主流意识形态相悖的理论，一些辅导员自身的理论功底就不扎实，也缺乏有效培训，对自媒体中的意识形态乱象缺乏识别能力，更缺乏有效应对之策。在问到"当自媒体上的观点和自己的看法观点不一致时，您的态度是？"这个问题时，只有15.8%的学生选择认同官方媒体或学校老师的解读，可见当前的教师队伍在学生心目中存在公信力不强的问题。其次，从学校方面来说，存在着意识形态宣传教育手段创新能力不足的问题，当问到"您认为本校的官方微信、微博等自媒体平台建设得怎么样？"时，仅有一半的学生认为非常好或好，另外一半认为该校自媒体平台建设得一般甚至非常不好，说明高校在运用自媒体进行意识形态建设中还存在着工作滞后、创新能力不强的问题。最后，思想政治理论课是高校进行意识形态教育的主战场、主渠道，但当前思政课存在"配方"比较陈旧，"工艺"比较粗糙，"包装"不那么时尚的问题，导致思政课成为高校中的"补觉课""点名课"。特别是自媒体环境下，学生从网上获取资讯的能力不比教师差，因此教师们常说的"老师要给学生一碗水，自己要有一桶水"已经跟不上时代发展的要求了，老师自己可能要有"一缸水"还要不断补充自己的"水源",才能真正上好思政课。

四、高校配套措施不完备影响意识形态建设效果

要想通过运用自媒体提升高校意识形态建设的能力,配套的政策与环境必不可少,但根据问卷调查显示,我国高校中自媒体与意识形态建设的配套设施并不完善。在问到"您认为本校的官方微信、微博等自媒体平台存在的问题有?"时,转发文章多,原创文章少;新闻多,理论少;数量多,质量差;更新慢,内容少;与学生缺乏互动,贴合学生需要不够等原因都成为学生吐槽最多的问题。配套设施与环境的掣肘,成为自媒体环境下高校意识形态建设发展的桎梏。

首先,高校自媒体平台建设滞后。在问到对自媒体乱象的看法时,多数学生认为网络环境亟待净化、价值观念有待提升、缺乏科学监管,可见大学生对于治理自媒体中的乱象有所期待。其中对于高校的自媒体而言,多数自媒体发布的内容不是照搬国家领导人的发言报告,就是照抄上级自媒体的发布内容,既不贴合学生生活,又不能吸引学生的兴趣,导致点击率不高。此外还有学校将校园自媒体单纯当作信息发布的平台,只发学校的日常通知,缺失了意识形态教育的功能。还有学校的自媒体平台长期无人管理,沦为"僵尸账号"。在校园自媒体平台的运营中,不少高校缺乏科学的管理能力,平台日常维护不到位、更新不及时等问题屡见不鲜,导致出现政治把关不严、内容发布不严谨、娱乐化倾向严重的问题。可见推动高校自媒体平台建设已经成为一项紧要的工作。

其次,高校意识形态工作联动机制不完善。意识形态建设特别是自媒体环境下的意识形态建设是一项复杂的工程,需要宣传部门、学生管理部门、教学科研部门、技术管理部门多方联动,通力协作,共同构筑高校意识形态安全的防御堤坝。因此,如果没有明晰的职责划分、高效的联动机制,这项工作就不可能做好。当前各个高校意识形态工作联动机制还没有形成制度,主要看高校的主管领导个人的重视程度。如果所在高校的主要领导重

视高校意识形态建设,相应的体制机制建设就比较完善,但大部分高校,特别是民办高校,始终把学校的招生就业、教学科研等日常工作作为重点,对于意识形态安全的重视则有所欠缺。因此要提高高校对意识形态建设工作的重视程度,就要将其作为一项重要机制固定下来,避免这项工作随着高校主管领导的变化而出现起伏波动。

最后,高校对意识形态建设的宣传不到位。尽管党的十九大之后我国高校的意识形态宣传已经有了长足进步,但依然存在一些问题。在问到"您认为当前高校意识形态安全现状是?"时,有43.4%的学生回答并不清楚,可见高校意识形态宣传工作的滞后。高校意识形态宣传的功能性导向越来越强,一些高校将学生的就业率、考博率、考研率当作学生培育的指标,而对学生选择的价值判断与理想信念有所忽视。于是学校将鼓励学生培养就业技能或夯实专业知识作为宣传的主要导向,忽略学生作为社会主义建设者与接班人该有的德智体美劳全面发展。可见高校工作的功利化、实用性倾向也影响了高校意识形态建设的进程。

按照唯物史观,社会意识是对社会存在的反映,意识形态是具有鲜明阶级色彩和政治属性以及具有价值引领性的精神文化系统。[1] 问卷调查结果显示,当前我国高校意识形态建设整体上积极向好,高校意识形态安全得到有力保障。但自媒体的介入为高校意识形态建设工作带来很多变量因素,从外界因素来看,社会转型、经济全球化都对高校意识形态建设带来一定挑战,从内部因素来看,教师队伍能力不足以及高校相关配套设施不完善也制约着高校意识形态建设的发展。这些影响因素如果不及时处理,很容易在高校中引发重大的意识形态安全事故,因此我们必须对此高度关注。特别是自媒体环境下意识形态传播环境的新变化、新特点、新问题,我们必须认真分析,并对症下药,采取有效措施,这正是本书下一章要讨论的主要内容。

---

① 方世南:《关于坚持马克思主义在意识形态领域指导地位根本制度的思考》,《思想理论教育》2020年第2期,第32–37页。

第四章 自媒体环境下我国高校意识形态建设的路径选择

第一节　明确自媒体环境下我国高校意识形态建设的工作目标

自媒体环境下加强党对高校意识形态建设工作的领导权、管理权和话语权是高校意识形态建设的首要目标和关键举措,必须加强党对高校意识形态建设的全面领导,才能在自媒体环境下暗流涌动的意识形态斗争中占得先机。

一、掌握党对高校意识形态建设的领导权

安东尼奥·葛兰西在《狱中札记》中曾指出,意识形态领导权是指一定历史集团在意识形态或者文化上的、精神上的、道德上的领导权,是"智识与道德的领导权"①。葛兰西发展了马克思主义意识形态理论,更加强调意识形态的领导权。在葛兰西看来,一个政党或者一定的社会集团统治者往往会依靠物理取得统治权,当取得统治权之后,要牢牢抓住领导权。意识形态

---

① 安东尼奥·葛兰西:《狱中札记》,河南大学出版社,2015,第59页。

的领导权使统治阶级的价值观以"非暴力"的形式被统治阶级所信奉,体现为一种"同意"或"赞同",使统治阶级的意识形态处于统治地位。这种统治的地位不仅发生在取得革命胜利之后,同样在开始革命时就已经开始。依据意识形态领导权理论,在自媒体环境下,意识形态内容能够得到多数人的认可意味着统治阶级掌握了网络意识形态的领导权,反之则不然。这就要求网络意识形态必须具备真理的魅力和"道德制高点"的品质。正如毛泽东指出,领导权"是以党的正确政策和自己的模范工作,说服和教育党外人士,使他们愿意接受我们的建议"①。毛泽东同志精辟地概括了意识形态领导权的重要性,以及思想政治教育的方法和内涵。因此,在自媒体环境下,要掌握意识形态的领导权,高校要确定和建立马克思主义在意识形态领域的指导地位,只有不断创新和发展网络意识形态理论体系,善于运用互联网思维增强自媒体平台中意识形态的亲和力与凝聚力,才能巩固大学生的意识形态,并在日常行动中表现出来。

随着网络技术的运用,科技的发展,自媒体平台给我国高校意识形态建设工作带来了新的机遇,也带来了新的挑战。在多种文化相互碰撞下,我们通过自媒体平台更加便捷快速获取信息的同时,西方国家也借助自媒体平台传播西方意识形态价值观。高校学生作为网络运用的主要人群,也是西方国家所关注的群体,是最易受到影响,受到网络信息左右的。网络信息纷繁复杂,就算是高校教师,有时也无法避免会受到网络信息的影响和干扰。面对自媒体时代带来的挑战,我国高校必须正确看清自媒体环境下意识形态所面临的新形势,正确认识到高校意识形态建设工作中产生的新问题,并且要牢牢把握党对我国高校意识形态建设工作的全面领导,牢牢掌握高校意识形态工作领导权。

信息技术的飞速发展带来的价值观挑战也要求我们必须牢牢把控高校意识形态工作的正确方向。面对自媒体环境下的新情况新挑战,坚定我国

---

① 《毛泽东选集》(第 2 卷),人民出版社,1991,第 742 页。

高校意识形态建设工作的立场和马克思主义的指导地位,如果方向偏了,立场不坚定,就会出现大问题。要绷紧政治这根弦,面对全球化网络化背景下意识形态情况多变的复杂形势,不断提升高校的凝聚力和向心力。

习近平总书记在党的十九大报告中指出:"意识形态决定文化前进方向和发展道路。必须推进马克思主义中国化时代化大众化,建设具有强大凝聚力和引领力的社会主义意识形态,使全体人民在理想信念、价值理念、道德观念上紧紧团结在一起。"在第二十三次全国高等学校党的建设工作会议上,习近平总书记指出:"办好中国特色社会主义大学,要坚持立德树人,把培育和践行社会主义核心价值观融入教书育人全过程;强化思想引领,牢牢把握高校意识形态工作领导权。"要想做好高校意识形态建设工作必须切实加强党的领导,要始终把党的建设工作和思想政治教育工作放在前列,不断强化思想政治意识,将社会主义意识形态教育贯穿高校育人、科研创新和知识创新与教育的全过程。同时,高校还应充分发挥高校思想政治理论课的功能与作用,多方面全方位做好意识形态宣传工作,强化思想建设,不断强化党的宣传思想工作,促使高校意识形态建设工作在党的领导下健康发展。在全球化背景下,无论是在经济政治领域还是在文化领域,资本主义和社会主义的较量都不可能淡出视野。我们必须积极应对全球化大背景下自媒体时代给高校主流意识形态带来的挑战,积极参与全球化发展进程中的文化互动,提升高校主流意识形态与多样化社会思潮、多样化意识形态之间的长期共存能力。而且还要扩散发挥高校文化的影响能力,让外界更多地认识中国,了解中国,扩大高校主流意识形态的外在影响力。要持续推进"青年马克思主义者培养工程",把高校师生培养成为马克思主义世界观和思想的倡导者、传播者,把在学校学习的马克思主义世界观和思想在传播中进一步巩固,积极联系群众,在向人民群众学习的同时,努力提升他们的马克思主义理论水平。

二、维护党对高校意识形态建设的话语权

米歇尔·福柯提出了"话语即权力"的命题。福柯认为"话语即权力"中的"权力"指的是一种隐而不显但又无处不在的社会力量,其支配着人体的政治技术,使人成为一个合格的社会人。从一般意义上,话语权是指掌握、控制、支配和阐述"话语"的权利。意识形态话语权的构建是说在意识形态宣传传播过程中,统治阶级作为特定的阶级或社会团体为维护自身统治权地位和利益,通过话语对社会舆情进行引导再塑甚至是控制的权力。这也就为在自媒体环境下高校意识形态建设提供了渠道,要掌握自媒体环境下的意识形态话语权,必须不断完善自媒体意识形态话语体系,做到日常话语、网络话语、宣传话语和学术话语的统一。多元文化信息的传播与碰撞对高校意识形态建设带来挑战,使得高校要不断进行方法探索与创新来牢牢把握高校意识形态建设的话语权。

自媒体环境下进行高校意识形态建设工作,要始终自觉坚持作为根本指导思想的马克思主义,坚定自身信仰,不断提升马克思主义理论对高校大学生的影响,巩固马克思主义在高校意识形态建设工作中的重要性指导地位。高校要有一支思想信念坚定的马克思主义人才队伍,一方面要充分发挥思政课立德树人的主渠道作用,另一方面在充分利用自媒体平台优势基础上创新话语体系,做好宣传思想工作,进行主流意识形态宣传工作。掌握党对高校意识形态建设的话语权,就是高校掌控信息动态,把控信息传播方向。高校要建立健全意识形态建设工作机制,不断探索工作规律,掌握学生思想动态发展,通过高校思想政治理论课堂和自媒体平台积极引导,不断增强主流意识形态在高校学生中的影响力。

高校通过各个部门之间的相互配合,发挥在引领高校育人、办学方向上的最大效用。高校党委以及授课教师和学生管理人员作为高校话语体系的主体,应不断提升自身的影响力,把握话语方向,坚持主流意识形态对高校学生的思想引领。

三、把握党对高校意识形态建设的管理权

把坚持马克思主义的指导地位作为高校的一项重要的政治和战略任务。切实在思想上高度重视，贯彻落实到实际生活中，根据客观环境的变化和发展，不断提高自身能力，实现管理有力、管理有据，不断加强意识形态领域的管理，使得高校意识形态教育具有科学性、系统性、预见性和实效性。同时不断加强党的执政能力建设，始终保持党的先进性，进一步发挥党在高校中的重要作用，把握党对高校意识形态建设工作的管理权。

一个国家的执政党是否属于无产阶级政党决定了其占主流的意识形态是否应当是马克思主义。中国共产党是中国的执政党，这是我国坚持以马克思主义为意识形态领域指导思想的根本保障。同时中国共产党的领导地位也是巩固马克思主义主导地位的根本保证。自新中国成立以来，党中央始终高度重视高校的意识形态教育，坚持"掌握思想领导是掌握一切领导的第一位""党管宣传，党管意识形态""办好中国的事情，关键在党"等。

新时代要继续加强和做好意识形态领域的各项工作，必然要求牢固树立党管一切的理念。我们党掌握意识形态领导权能够为主流意识形态发展奠定坚实基础，要广泛带动党员干部和人民群众同向而行，坚定"四个自信"。要辩证地看待意识形态领域的领导权、管理权、话语权，掌握领导权是必要前提，掌握话语权是意识形态领域的具体工作成效表现，掌握管理权是意识形态领域工作的兜底保证，三者辩证协同，贯穿在新时代网络意识形态建设的主线之中。妥善引导"三权"发挥效用，理顺三者之间的联系，是新时代高校网络意识形态工作的重中之重，高校党委应当将牢牢把握并合理运用"三权"作为处理网络意识形态建设的核心要义和旨归。

第二节　把握自媒体环境下我国高校意识形态
建设原则

自媒体环境下实现高校意识形态建设工作的目标任务要在坚持"五大发展理念"的基础上结合高校网络意识形态建设实际,注重意识形态工作领导权与借鉴先进经验相结合、意识形态教育的内容为本与形式创新相结合、意识形态建设传统方法与自媒体使用相结合的原则,从而实现网络意识形态建设与落实高校立德树人根本任务、推进"三全育人"、培养时代新人紧密结合。

一、注重意识形态工作领导权与借鉴先进经验相结合的原则

自媒体环境下进行高校意识形态建设工作,就是要求高校坚持党对意识形态工作的全面领导,坚持马克思主义在高校意识形态建设工作中的指导地位。面对各种错误思想对人们的误导,面对各种歪曲事实真相、歪曲历史事实的信息传播,始终坚持党的领导,用习近平新时代中国特色社会主义思想武装全党,借鉴互联网治理先进经验,在自媒体环境中更好地维护高校意识形态环境。

意识形态工作是党的一项极端重要的工作。新时代我们进入了新的发展阶段,条件也发生了新的变化,在新的时代条件下,高校意识形态工作也面临着各个方面和领域的挑战。文化的多元,经济的不平衡发展,敌对势力的渗透等使得高校意识形态工作尤为重要。如果道路走歪了,方向走偏了,立场不坚定了,那么高校意识形态工作就会出现大问题。这些消极的信息往往是通过自媒体进行传播并深入人心。要坚持党的领导,坚持与以习近平同志为核心的党中央保持高度一致,把意识形态的领导权牢牢掌握在自己手里。推动意识形态工作深入人心,发挥思想道德的引领和教化作用,需

要教师做好模范,学生增强理想信念,坚持马克思主义指导地位,为高校营造良好的校园风气和校园环境,在党的领导和马克思主义指导下进行高校意识形态建设工作。

马克思主义是随着实践不断发展的、科学的、开放的理论体系,高校意识形态工作要充分发挥高校平台优势,运用多种自媒体平台、多种自媒体传播渠道,广泛而又深入地传播马克思主义,拓宽自媒体环境下的马克思主义传播途径,使高校大学生成为新时代自媒体环境下传播马克思主义的坚强力量。伴随着国内外复杂的斗争形势和环境,我国高校意识形态建设工作也面临着多种挑战和问题。面对新问题、新情况,必须借鉴先进经验,坚持与时俱进,顺应时代发展,顺应社会发展新形势,及时改进和加强意识形态工作。在高校意识形态建设工作中,高校必须始终坚持用马克思主义来武装头脑,紧跟时代发展方向,摆脱落后思想观念,把握住新时代条件下的新变化,使高校意识形态工作更有成效。

把握意识形态工作领导权与借鉴先进经验相结合,不仅是为了应对国内形势,更是要面对复杂多变的国际形势。面对互联网带来的传播便利,自媒体平台本身信息传播的个性化与活跃性,高校必须坚持党的领导,坚持马克思主义的指导地位。当今高校学生身处日益多样化的社会环境中,帮助高校学生树立正确的人生观、价值观显得尤为重要,面对时代要求,培养担当民族复兴大任的时代新人,必须进行教育引导,鼓励学生将个人发展与国家民族发展相融合,实现个人利益与社会国家利益相统一,提升高校学生的价值认同感,培育和践行社会主义核心价值观,真正为中华民族伟大复兴而奋斗。

二、注重意识形态教育的内容为本与形式创新相结合的原则

过去传统的意识形态教育是"填鸭式的灌输教育",但互联网和自媒体的发展促使意识形态教育必须改变过去既有的意识形态信息传递方式,从注重灌输转变为学生自主自觉地接受。自主选择是建立在资源丰富的基础

之上的,丰富的信息资源为广大青年提供了丰富的学习资料,也实现意识形态主客体之间的交流。这种交流方式改变了以前传统的那种单向交流,转变为双向交流。这就不得不促使我们意识形态教育者注重教育形式的改变。习近平总书记在全国宣传思想工作会议上强调:"宣传思想工作创新,重点要抓好理念创新、手段创新、基层工作创新,努力以思想认识新飞跃打开工作新局面,积极探索有利于破解工作难题的新举措新办法,把创新的重心放在基层一线。"①社会主义意识形态教育内容范围涉及政治、经济、法律、道德等领域。各种网络思潮相互交织、相互依存、相互影响,网络俨然已成为正确和错误思想、健康与腐朽思想、渗透与反渗透的战场。

自媒体的发展,使得广大青年对意识形态信息的获取不成问题,问题是如何培养广大青年选择、思考、判断信息、分析问题的能力。思想政治工作说到底就是做人的工作,就是围绕学生,以学生为中心,引导学生,塑造学生,同时不断提升高校教师与学生的思想政治素养、政治敏锐性、思想品德和理论素养,把学生培育成全方位发展的人才。因此,习近平总书记指出:"做好高校思想政治工作,要因事而化、因时而进、因势而新。要遵循思想政治工作规律,遵循教书育人规律,遵循学生成长规律,不断提高工作能力和水平。"②让高校思想政治工作贯穿高校意识形态建设工作全过程,就要持续提升高校思想政治工作的质量水平和高校思想政治工作的亲和力,不断增强高校思想政治理论工作的影响力和吸引力,高校思想政治工作要结合高校教育教学工作,使二者相互结合,从而根据二者结合的作用进行有针对性的高校思想政治工作,进一步促进高校思想政治工作的有效性与实效性。要更好地加强思想政治工作的引导性和渗透性,就需要提高高校思政课的吸引力和趣味性,满足高校学生身心发展需要,其他课程要保证各自的专业与责任,使之与高校思想政治理论课同向同行,多种课程之间相互协同,相

① 习近平:《习近平谈治国理政》,外文出版社,2014,第153页。

② 习近平:《习近平谈治国理政(第二卷)》,外文出版社,2017,第378页。

互配合和成就。高校思想政治理论课要在新时代大背景下创新课程教材，创新学术话语体系，用生动的、具体的、优美的语言对思想政治教育的内容进行表达转化，坚持意识形态教育的内容为本与形式创新相结合的原则，遵循高校思想政治工作规律、教书育人规律、学生成长规律，切实做到因事而化、因时而进、因势而新。[①]

三、注重意识形态建设传统方法与自媒体使用相结合的原则

当下自媒体发展已经融入人们生活的方方面面，人类正在自媒体的时代里穿梭前行。它深刻改变着人们的生产方式和生活方式，深刻改变着意识形态的生产与传播，传统的思维方式已经无法应对新的意识形态的格局。习近平总书记要求新时期宣传思想工作创新必须强化网络思维。自媒体发展使教育模式更具开放性，这就要求高校在意识形态教育工作中着力增强大学生的文化自觉，发挥高校思想政治理论课的课程作用，大力进行高校文明校园创建，开展丰富多彩、积极向上、特色创新的校园文化活动，同时运用自媒体平台信息的灵活传播与推广广泛开展各类社会活动和实践，从而在自媒体环境下让高校意识形态建设潜移默化地融入校园文化建设当中。

传统的大学生意识形态教育主要是通过教师硬性地向受教育者传授，虽然随着科学技术和时代的向前发展，自媒体增强了思想政治教育的时代性，丰富了意识形态教育的手段，但始终没有改变教师在上的境况，这可能会导致师生之间沟通不畅。随着自媒体的应用，在全球范围内，高校已不断借助自媒体平台开放在线课程教育，高校思想政治理论课也借助自媒体平台开放一系列精品课程，课程以视频形式为主，不但能实现高校思想政治理论课内容共享和平台交流，还能进一步将中国特色社会主义理论体系的优秀成果展现出来，在方法论、价值观引导方面为高校学生提供指导和帮助，为高校学生学习和成长提供有力支撑。

---

① 习近平：《习近平谈治国理政（第二卷）》，外文出版社，2017，第378页。

第三节　改进和创新自媒体环境下我国高校意识形态建设内容

一、巩固马克思主义在意识形态领域的指导地位

马克思主义意识形态问题一直是党和国家十分关切的核心问题。巩固马克思主义在意识形态领域的指导地位,巩固全党全国各族人民团结奋斗的共同思想基础,是意识形态工作的根本任务。高校意识形态工作直接关系到高校培养什么样的人、怎样培养人、为谁培养人的根本问题,关系到高校的发展方向和定位问题。高校必须坚持社会主义办学方向,才能更好地去解决怎么样培养,培养什么样的人的问题。随着中国的改革发展,中国现在已成为世界第二大经济体,但敌对势力并没有放弃甚至采取各种方式方法对中国的发展进行黑化,否定党的执政基础,黑化中国共产党的历史。经济发展给中国的发展带来机遇的同时,也带来了挑战。随着经济的发展,新自由主义等社会思潮、西方的"普世价值"等,也被传播进来,严重影响着高校师生的价值观和人生观,高校的意识形态工作同样面临着严峻的挑战。

在自媒体环境下,社会思想意识复杂多样、相互交织,人们各种思想多样杂陈、各种力量竞相发声,西方错误思潮妄图挑战马克思主义的指导地位,削弱中国共产党的执政地位,意识形态领域多元化思想相互交流,已经成为客观的事实,主流意识形态与多样化社会思潮长期并存、相互激荡的态势更加显著。意识形态工作的本质就是政治工作,民心是最大的政治,因此做好意识形态工作,关键就在党。进入新时代,围绕意识形态工作依然是党和国家领导人关心和重视的问题,做好新时代意识形态工作,要求必须把意识形态工作的"三权"——领导权、管理权、话语权牢牢掌握在手中,任何时候都不能旁落。习近平总书记进一步强调:"党和政府主办的媒体是党和政

府的宣传阵地,必须姓党,必须抓在党的手里,必须成为党和人民的喉舌。"①
"党报党刊一定要无条件地宣传党的主张";无论时代如何发展、媒体格局如
何变化,党管媒体的原则和制度不能变。他多次强调要旗帜鲜明地坚持党
管宣传、党管意识形态,并科学处理经济建设和意识形态工作之间的关系,
使其实现良性互动。

二、以社会主义核心价值观统领高校意识形态建设

文化是一个国家、一个民族的灵魂,是一个国家、一个民族发展中更基
本、更深沉、更持久的力量。以美国为首的西方资本主义国家借助其强大的
经济实力和传媒力量,在文化交流中实施其不平等的文化霸权。随着改革
开放的不断深入和经济的增长,意识形态领域成了西方发达国家推行其价
值观念、生活方式等文化侵略和意识形态渗透的契机。马克思告诉我们:
"过去那种地方的民族的自给自足和闭关自守状态,被各民族的各方面的互
相往来和各方面的互相依赖所代替了。物质的生产是如此,精神的生产也
是如此。各民族的精神产品成了公共的财产。民族的片面性和局限性日益
成为不可能,于是由许多民族的和地方的文学形成了一种世界的文学。"②这
也就是说,一个民族的文化发展是在各种文化思想相互碰撞下逐步形成的。
不仅物质生产是全球化的,精神生产也是如此。资本主义在进行资本的增
值和积累的过程中,其自私自利到极致的私有制经济体制的矛盾成为资本
主义社会发展的阻碍,必须生产和贩卖所谓的"强势"文化。习近平总书记
强调:"要坚持不懈培育和弘扬社会主义核心价值观,引导广大师生做社会
主义核心价值观的坚定信仰者、积极传播者、模范践行者。"③培育和践行社
会主义核心价值观要抓住高校学生这个重要群体,价值观决定人的行为取

---

① 习近平:《习近平谈治国理政(第二卷)》,外文出版社,2017,第331页。
② 《马克思恩格斯选集》(第1卷),人民出版社,1995,第276页。
③ 《中国共产党第十九次全国代表大会文件汇编》,人民出版社,2017,第34页。

向,青年是价值观形塑的关键时期。主流价值观如果不落地生根扎稳根基,非主流价值观将会野蛮生长。高校意识形态建设工作需要坚持马克思主义的指导地位,以社会主义核心价值观为统领,敢于同非马克思主义思想做斗争,敢于亮剑。真正做到社会主义核心价值观进学生头脑,融入高校校园生活,融入高校课堂,融入高校教育教学全过程,让高校大学生自觉成为社会主义核心价值观的践行者。因此,高校应利用自媒体的发展,积极宣传正面人物事例,高校各级党政干部要起到模范带头作用,将社会主义核心价值观内化于心,外化于行。

三、用中华优秀传统文化滋养高校意识形态建设

高校作为文化传播和知识创新的重要场所,又是进行对外文化交流的窗口和不同思想文化相互碰撞的前沿阵地,对社会文化的发展起着很强的引领和推动作用。中西方文化的较量必将会给高校意识形态建设带来许多新的冲击和挑战。美国学者伍德认为:"资本主义的基本逻辑——资本积累、竞争和利益最大化,已经从意识上渗透进世界每一个角落……甚至于在资本主义经济的最外围,一切经济活动也都是按这一逻辑来进行的。"[①]西方敌对势力是不愿意看到社会主义中国发展强大的,自苏联解体之后,科学社会主义在世界范围内受到众多质疑,西方资本主义国家更是加紧对我国实施"西化""分化"的战略意图。冷战结束后,发达资本主义国家由原来的军事扩张转为经济扩张、文化渗透;由原来的"硬霸权"模式转为"软霸权"的入侵。西方资本主义的价值观念、道德标准随着经济的全球化也悄然传入中国,通过电影、故事书籍等方式吸引着中国的一代又一代青少年,将其意识形态观念潜移默化地融入社会生活中去,引导人们的行为等。互联网的发展,扩大了人际的交流和沟通,使得大学生可以获取到许多书本上学不到的知识,拓宽了眼界。但正是这种没有国界没有限制的网络空间,使各国制

---

① Ellen Meiksins wood, *Arenly to A. Slanandan*, Monthly Review, Feb. 1997.

度、文化和意识形态上的差异性隐藏于其中而不显露,使得高校在对大学生进行意识形态教育和意识形态建设工作时对无孔不入的意识形态渗透无可奈何。高校如何在新的时代,更好地做好意识形态工作是现在面临的难题。

习近平总书记指出:"中华优秀传统文化已经成为中华民族的基因,植根在中国人内心,潜移默化影响着中国人的思想方式和行为方式。"自媒体环境下,中华优秀传统文化是中国特色社会主义意识形态领域的重要构成部分,是其丰富的养料。优秀传统文化中优秀的民族精神,深邃的思想内容以及中华文明的发展历史能够帮助处在青年期的大学生树立正确的世界观、人生观、价值观,能够增强大学生对民族的认同和身为中华儿女的自豪感,从而形成文化自觉。社会主义核心价值观就是对中华优秀传统文化的凝练,其包含着鲜明的民族特色,展现着中华儿女优秀的道德品质,可以说中华优秀传统文化为高校校园文化建设、校风建设提供了深厚的思想沃土。尤其是在自媒体环境下,把中华优秀传统文化教育融入高校意识形态建设中去,充分利用自媒体的特点,坚持文化创新,不仅能够丰富大学生的人文素养,更有助于提升大学生在"三观"培育时期的正确性、科学性、价值引导性,提升对西方社会思潮的批判性。

第四节　拓宽自媒体环境下我国高校意识形态建设渠道

一、发挥高校思想政治理论课的主渠道作用

大学生是国家和民族的希望,是实现中华民族伟大复兴的主力军,高校思想政治理论课是面向高校学生所开设的教学受面广、知识覆盖面宽并且具有较强的专业理论性的公共课程。面对新时代思想政治教育的新挑战、新问题、新主题,要紧跟时代步伐,把握高校学生思想发展,正确引导学生思

想认识,不断增强教师的价值引领,充分发挥高校思想政治理论课的主渠道作用。

无论是对于授课教师还是学生,高校思想政治理论课都是帮助其树立正确思想认知观念和获取知识的重要途径,随着各个学科之间的交叉越来越密切,高校思想政治理论课的理论资源更加丰富,理论研究视野更加广阔。高校思想政治理论课在其教学过程中起积极引导作用,课堂教学作为基本教学方式,在教师与学生的相互配合、相互影响中,潜移默化地带给学生正确的思想认知和行为方式。现在的思想政治理论课不再拘泥于以往的死板僵硬的教学模式,也不是老套的教材内容,而是反映时代要求,顺应时代发展潮流,紧密关注时代热点,探寻符合学生思想认知的新问题。

习近平总书记在党的十九大报告中强调:"社会主义核心价值观是当代中国精神的集中体现,凝结着全体人民共同的价值追求。要以培养担当民族复兴大任的时代新人为着眼点,强化教育引导、实践养成、制度保障,发挥社会主义核心价值观对国民教育、精神文明创建、精神文化产品创作生产传播的引领作用,把社会主义核心价值观融入社会发展各方面,转化为人们的情感认同和行为习惯。"[①]新时代自媒体大环境下在高校进行意识形态建设工作,要进一步发挥高校思想政治理论课的主渠道作用,对高校大学生积极进行社会主义核心价值观培育工作。高校思想政治理论课不仅传授理论知识,而且在日常生活中发现问题,从而解决问题,不仅贴近日常生活,而且注重人文关怀,在思考理论知识的同时引发高校学生的思考,达到理论与实践相结合。高校思想政治理论课以授课课堂为重要场地对高校学生进行思想政治教育,培育和践行社会主义核心价值观,激励学生勇往直前,有所担当,不断提升学生的思想认识水平和道德文化素养,帮助学生全面发展。在目前多种文化相互碰撞的时代,高校思想政治理论课是对高校大学生进行主流意识形态教育的主要阵地。思政课的讲授不同于其他专业理论课,其更

---

① 《中国共产党第十九次全国代表大会文件汇编》,人民出版社,2017,第34页。

加着重于对树立正确主流价值观与紧跟时代主题、培养国家责任感与认同感在内的思想政治教育。

面对新形势、新任务、新问题，高校思想政治理论界必须坚持实事求是、解放思想的原则，深化教学改革，探索教学新途径。在培养什么样的人，怎样培养人，为谁培养人的根本问题上，坚持正确教育方向，强化教师队伍，提高教学质量。教师作为教育者必须先受教育，自身思想立场坚定，理论功底扎实，全面掌握马克思主义理论体系内容，不断结合时代发展学习相关理论，充分发挥教师的榜样作用，更好地进行课堂教学，传播正能量。用好教师和课堂才能更好地发挥高校思想政治理论课的主渠道作用。

二、坚持高校意识形态建设线上线下双轨并行

高校对学生的教育与培养关系着培养什么样的人，怎样培养人的问题，中国特色社会主义进入新时代，我国经济快速发展，高校意识形态建设面临着严峻的挑战。做好高校意识形态建设工作，要认清当前自媒体环境下高校意识形态建设面临的严峻挑战与新任务，高校应坚持党对高校意识形态建设的领导，坚持线上加线下双轨并行，将对高校大学生的社会主义核心价值观的培育和践行贯穿高校思想政治理论课的教育教学全过程。

高校思想政治理论课是进行高校意识形态建设的主渠道，无论是对高校思政课教师的培训还是针对思政课的教材改革，都体现了高校思想政治理论课的重要程度，它是弘扬和开展社会主义意识形态的主要场所和阵地。思政课堂的理论知识教育与实践教育相结合，直接或者间接地把社会主义核心价值观和社会主义意识形态输送到高校学生的头脑当中，对坚定高校学生思想信念和政治理念有着积极作用。但随着互联网的迅速普及，人们的生活方式也随之改变，互联网影响着我们生活的方方面面，俨然已经成为意识形态传播的新媒介、新渠道和新手段。高校学生作为使用互联网的重要人群，更要求我们主动深入网络媒体，通过网络媒体对高校学生进行意识形态教育。

高校在讲授思想政治理论课的同时,需要增强自媒体阵地的意识形态教育,在不断探寻自媒体意识形态教育规律时,实现线上线下相结合,在面对线上意识形态教育的问题和难题时与线下意识形态教育相结合,进行具有针对性的问题研究。同时还要注意对热点问题的及时关注,线上时时关注,线下积极教育,引导高校学生对于热点问题理性看待,帮助学生消除负面情绪和消极影响。自媒体的使用具有线下课堂所没有的功能和优势,无论是信息的传播速度,还是发表评论的功能,都具有传统高校思想政治理论课没有的灵活性与时效性。自媒体形式多样,平台开放自由,高校学生在自媒体上自由发表言论,围绕国家时事热点参与热情逐步高涨,在线下课程上很少见的思想交流,观点碰撞,在网络平台、线上新媒介的应用中都能够见到。

高校依托自媒体平台,进行资源整合,打造线上课堂,让更多的学生参与进来,线上课程的共享,线上资源的合理利用,使学生们不仅获取更多的知识,也拓展了交流平台,高校教师在运用新媒体技术和方法进行思想政治教育的过程中,使思想政治教育发挥更大作用。线下课堂的有限性可以在网络媒体上得到解决,时间和空间的灵活让学习变得更加便捷。一方面高校意识形态建设要线上线下相结合,线上弥补线下思政课堂的教学内容与交流方法,线下稳固高校学生主体的思想认知和心理情绪;另一方面高校要适应线上学习交流方式,增强线上线下的相互配合、相互补充,增强高校意识形态建设的实效性。

三、推进高校思政课在自媒体平台的推广传播

高校思想政治教育理论课是高校开展意识形态教育和学生道德素养教育的主要场所和主要渠道。面对自媒体环境下新媒体带来的信息快速传播、虚假信息掺杂流动、多元信息传播等问题,高校思想政治理论课在坚持传统授课模式以外,还应积极运用新媒体技术,来提升传统课堂模式教育的影响,加强自媒体平台在高校思想政治理论课中的运用。高校思想政治理

论课运用自媒体平台推送思想政治教育相关信息,推动高校师生在自媒体平台上进行信息交流与互动,引导高校学生将自媒体思想政治教育与现实实践相结合,通过相关平台的推广引导学生创建积极向上的健康生活方式和学习思维方式,通过平台引导学生在虚拟的信息社会中增强思想信念和对信息的辨别能力,让自媒体平台成为高校思想政治教育的有力帮手和有效工具。

自媒体平台为高校意识形态工作带来了新的机遇,信息的快速传播让主流意识形态在高校学生中的传播速度有了较快的提升,各类新媒体平台使有关主流意识形态的信息得以在短时间内扩散,视频、文字、声音、图像等传播方式大大提升了高校学生们的注意力,新颖的呈现方式往往最容易抓住高校学生的眼球。自媒体平台已经成为高校思想政治教育必须把握的新领域,"宣传思想阵地,我们不去占领,人家就会去占领;社会主义不去占领,资本主义就会去占领;主流意识形态不去占领,非主流意识形态就会去占领"[①]。我们要充分运用自媒体平台优势,推进高校思政课在自媒体平台的推广传播,坚守主流意识形态阵地,积极运用自媒体平台,利用其在高校学生中的普及程度,加强自媒体平台与高校思想政治教育推广的相互配合。高校应主动适应自媒体时代的要求,及时发现热点问题、焦点问题,第一时间针对信息进行分析判断,针对高校学生的不同专业与年级,进行不同的内容推送,提高其内容的针对性。其次,高校还应不断推进理论创新、文化创新以及其他方面的创新,不断丰富和发展中国特色社会主义理论体系,将高深的理论以学生喜爱的方式呈现在自媒体平台上,增强高校学生的亲切感与认同感,增强高校思想政治理论课的影响力与感染力。

四、积极打造运营高校主流自媒体品牌

高校作为培育人才的重要阵地,更应顺应时代发展潮流,紧跟时代前进

---

① 蒋建国主编《凝聚在共同理想和信念的旗帜下》,人民出版社,2013,第286页。

方向。积极打造主流自媒体品牌,让身处微时代的教师和学生充分利用自媒体平台,进行教学创新,改革教育模式,充分利用网络媒体提升学习效率和增强学生学习主动性。如果高校继续延续传统课堂授课模式,而不改变知识的传播模式,则无法满足自媒体发展下的高校学生的知识需求。

高校应积极创建符合自身的自媒体平台,例如学校的微博、微信公众号、订阅号、推送号等,日常推送学校相关活动、教学动态,用学生们乐于接受的方式传递正能量,关注新闻热点,对社会热点问题进行客观评论,对高校学生进行积极引导,帮助学生进行信息鉴别,培养独立判断能力。高校主流自媒体品牌代表着高校自身的文化精神和理念,在当下信息传播速度飞快、多种文化相互碰撞的时代,高校主流自媒体品牌已成为高校网络意识形态教育的重要途径。在高校意识形态建设过程中,我们要正确运用新媒体这个有效渠道,打造高校意识形态建设传播的新平台,不断拓展媒体宣传的影响力。

建设高校自媒体平台,分享更多意识形态相关教育内容,通过信息发布进行宣传教育,积极引导学生加以关注。高校主流自媒体是加强教师和学生之间联系的桥梁,通过教师与学生之间的交流与互动,可以增强高校主流自媒体平台的影响力。高校必须站在意识形态建设的最前沿,传播积极向上的正能量,进行社会主义意识形态教育。针对热点问题,要积极引导教师与学生评论与关注,积极帮助学生答疑解惑,使学生形成正确的判断力和分析能力,面对错误思潮和错误认识要积极引导、交流,正确把握信息话语导向。高校教师与学生是高校主流自媒体平台的主要参与者,体现了高校的综合素养。在高校自媒体平台进行高校意识形态建设工作,让学生深入了解自媒体的传播过程,减少对自媒体的盲目追求,既满足高校师生对新信息热点的获取需求,又能当好社会主义意识形态教育和正能量传播的窗口。

高校主流自媒体平台应以主流意识形态为中心,从内容和形式等多方面宣传主流意识形态,逐步使主流意识形态内化于心,提升主流意识形态的话语权地位。在信息的宣传与发布上应主动契合大学生喜好,引起高校学生的关注,提升高校学生对主流意识形态的认同感,使主流意识形态内化为高校学生的思想行为准则,让高校学生对高校主流自媒体平台产生强烈的归属感和依赖感,这样高校主流自媒体平台才能成为主流意识形态建设的重要平台。

第五节　优化自媒体环境下我国
高校意识形态建设环境

一、培育爱党爱国的优良校风学风

高校校风蕴含着无穷的精神力量,它不是书写在纸张上的条条框框,也不是镌刻在墙壁上的警示条例,它在无形中引领着教师和学生,使其努力奋发向上。打造优良的校风,拓展校园文化传播渠道,开展多种文化活动,在校园内营造积极向上、团结进取、文明和谐等文化氛围,是促进高校精神文明建设和文化建设的重要渠道。

面对自媒体的多样发展和不同文化间的相互碰撞,一部分学生缺乏正确的价值引领,在网络虚拟世界中不能自拔,这不仅仅容易迷失自我,更容易影响到身边的学生,造成大范围的目标偏离,使整体学风受到影响。优良的学风是一所学校的核心力量,学风代表着一个学校的精神文化与制度文化的统一。打造优良学风,注重学生们的精神文化和道德修养,以榜样的力量影响学生,鼓励学生,以身边人身边事来引导学生,带动教师在教学方面、学生在学习方面树立正确的目标和信念。作为教育者,高校要通过教学形式的创新、授课内容的更新、对学生的积极引导,推动高校优良学风的形成,为学生们创造轻松的学习氛围,提高学生们的自主学习能力。因此,打造优良的学风校风,对于提升高校在意识形态建设方面的工作能力有着强有力的影响。高校意识形态建设工作与学风、校风密不可分。校风是高校育人和师生生活等所体现出来的综合性的精神面貌和优良传统,包含了学校领导的作风,教师的教风,学生的学风等方面,是一个学校多种风气的综合。校风体现着学校的办学理念、育人理念、工作理念和学术理念,是一个学校最重要的标志之一。良好的校风具有巨大的约束力和促进力,社会经验不足、价值观念易受影响的大学生需要借助校风进行正确的指引和教育。优良校风又是高校校园文化的重要组成部分,它是引领整个高校文化建设和校园建设的关键所在。

　　高校校风学风建设,是高校建设过程中的重要工作,高校校园文化建设同样是高校精神文化建设的重点,优良校风学风则是其主要推动力。加强校风学风建设,为高校学生提供优良的学习环境,搭建好学习平台,从关注学生的物质生活到学生的精神世界,让学生在氛围浓厚的校风学风影响下,在积极和令人奋发向上的校园文化的影响下,树立起正确的世界观、人生观、价值观。良好的校园学习环境对学生的发展具有一定的促进作用,校园学习环境优良、学习氛围浓厚、教学严谨、校风学风优良等都会对学生有所影响,学生会不自觉地融入优良的校风学风中,不断提升整体素质和践行能力。社会主义核心价值体系是社会主义先进文化的精髓,而高校则是传播和弘扬社会主义先进文化的重要场所,要传承和发扬中华优秀传统文化,以社会主义核心价值体系引领高校校园文化建设,培育高校特色文化精神,时刻弘扬时代主旋律。

二、净化自媒体空间的噪声杂音

　　自媒体的发展,一方面带来了丰富有用的信息,另一方面也带来了负面消极影响。西方外来文化往往通过网络媒介潜移默化地影响高校学生,在不断夸大国内矛盾的同时大肆宣扬西方文化,宣扬历史虚无主义等片面思潮。自媒体的广泛应用使得在自媒体环境下,虚拟的网络世界成为高校意识形态工作的新阵地,高校应该充分利用自媒体以及网络自身发展,积极建设高校校园网络文化自媒体平台。健康活跃的高校校园网络文化自媒体平台可以使学生们正确认识和了解主流意识形态。面对极少数不认识和不了解主流意识形态的学生,学校应充分利用高校校园网络文化对其进行意识形态教育,坚定学生们的政治立场,引领学生正确看待热点问题,帮助学生树立正确的价值观,不断提高对我国主流意识形态的认识,使高校的网络舆论环境充满积极向上的正能量。

网络的覆盖范围广、信息传播速度快、信息开放及用户信息隐蔽的特征,使得网络监管有很大难度。高校学生的世界观、人生观和价值观还未完全建立,面对网络信息以及网络现象的真伪都还不具备成熟的鉴别能力,社会经验的不足导致高校学生容易受不良信息的迷惑并极易对其产生信任。学生们面对网络未经确认的信息容易产生极端评论和讨论,易受有目的性的传播者的欺骗。因此,树立高校学生意识形态安全意识,净化网络黑色地带,合理利用转化网络灰色地带,清理网络杂音,净化高校网络舆论环境对高校学生的价值观引领,帮助其树立正确的三观有重要帮助。面对网络意识形态的严峻形势,我们要严格加强对网络空间的管理,对自媒体数据平台中影响高校学生价值观判断、诱导高校学生做出错误判断的信息进行清理,进行源头阻断。同时调查高校学生的精神需要,不断创新高校自媒体的传播方式,以主流意识形态为根本,加强高校学生对祖国和民族的认同感。高校学生富有特点,个性鲜明,面对网络传播者引导信息走向、操控信息舆论时,容易陷入信息的洪流之中,迷失自己的方向。教师作为高校的教育者,一方面要在网络信息的传播中把握主动权,积极引导信息传播,扩展高校信息传播媒体数量,积极响应有利于学生身心健康,塑造个人人格和培养正确认知的相关信息,不断加强正确舆论引导,帮助学生不断提高自身的判断和鉴别能力。另一方面要对那些极易引起误导的网络杂音,进行及时的干预和清除,借助校园媒体的影响力为高校学生提供安全、充满正能量的网络环境,从而培养高校大学生的社会责任感和民族认同感。

三、营造风清气正的校园虚拟环境

随着我国经济社会深刻变革、利益格局深刻调整,意识形态领域局部多元多样多变的趋势日益明显。[①] 社会主流价值受到市场的逐利性挑战,随着市场经济的不断发展,一方面促进和发展了社会生产力,增强了我国的综合国力;另一方面经济的迅速发展也大大冲击了高校学生的理想信念和对主流价值和主流意识形态的信念。我们在看到市场经济的发展增强了人们的竞争意识、法治意识以及自立自强意识时,也不能忽视它本身所特有的弱点和消极方面。市场经济机制的不完善、社会保障制度的不完善、经济发展差异化、社会贫富差距悬殊等造成拜金主义、享乐主义、利己主义、极端个人主义的滋生,使爱国主义、社会主义和集体主义面临挑战。这一切社会思潮通过自媒体冲击着高校学生的理想信念,个人道德的失衡、学术不端行为、低俗庸俗行为等不断挑战着高校学生的理想信念,严重影响弘扬社会主流价值观念和社会主流意识形态。

高校以及社会要通过自媒体的发展,利用好自媒体这一传播媒介,传播正能量。这就需要通过治理社会经济乱象,稳定社会发展环境,营造公平的社会经济环境,不断实现社会的公平正义,提升社会的文明发展水平,促进社会和谐。党的十八大以来,我国对外开放的力度越来越大,并且取得了很大的成就,在我们打开国门,顺应经济全球化发展时,维护国内市场经济平稳发展,社会市场经济环境稳定显得尤为重要。稳定经济发展环境,营造公平的市场竞争环境,实现我国经济的高质量发展。面对我国社会主要矛盾的转化,社会利益格局不断变化,社会思想也日益多变,保持社会经济发展环境的稳定依然是我们面临的艰巨任务。高校学生身肩国家和社会的历史重任,必须凝聚智慧和力量,对危害我国社会主义市场经济发展,危害我国社会主义制度,损害人民群众利益的问题必须坚决反对和抵制。市场上存

---

① 《习近平新时代中国特色社会主义思想三十讲》,学习出版社,2018,第215页。

在的问题反映了人们的精神生活,拜金主义、享乐主义等将会大大影响高校学生的价值观念和思想道德,使其理想信念缺失。

稳定的经济发展为我国社会主义发展提供了坚实的物质基础,完善市场经济体制,实现社会的公平正义,营造公平的社会环境,使得高校学生从中获取积极向上、自信理性的社会心态,强化个人社会责任意识和原则意识,积极把社会主义核心价值观融入经济发展和社会发展的方方面面。

第六节　打造立场坚定、能力过硬、道德高尚的高校意识形态建设队伍

一、强化高校意识形态建设队伍"三重认同"

习近平总书记在全国高校思想政治工作会议中指出:"我们的高校是党领导下的高校,是中国特色社会主义高校。办好我们的高校,必须坚持以马克思主义为指导,全面贯彻党的教育方针。要坚持不懈传播马克思主义科学理论……要坚持不懈培育和弘扬社会主义核心价值观……要坚持不懈促进高校和谐稳定……把高校建设成为安定团结的模范之地。"[①]高校是意识形态教育的前沿阵地,高校意识形态建设队伍是利用自媒体传播和宣扬主流意识形态,严防资本主义文化入侵,做好高校思想政治教育工作的主力军。高校意识形态建设队伍作为高校意识形态建设的主力军:首先,要做到政治认同。思想政治教育要维系政治系统的合法性,就是要保持人们对政治系统的忠诚和认同。随着改革开放程度的日益增强,西方社会思潮等资本主义意识形态一直在和我国主流意识形态较量。因此,政治认同作为思想政治教育的首要目标凸显了思想政治教育的根本属性,这就要求广大教

---

① 习近平:《习近平谈治国理政(第二卷)》,外文出版社,2017,第377页。

师加强中国特色社会主义理论的学习,加深对中国特色社会主义思想的认同。其次,要做到理论认同。在自媒体平台意识形态斗争纷繁复杂的环境中,我国主流意识形态的主导地位不断受到挑战,如何站稳政治立场、保持政治定力,对诸如"马克思主义已经过时"的错误言论进行有力回击,就要求我们加强理论自信。理论自信是实现对社会主义意识形态认同的前提,是对马克思主义真理性与科学性的坚信不疑,要通过努力学习,在理论指导思想上正本清源,发挥理论认同在推动价值认同过程中的重要作用。最后,要做到价值认同。对于主流意识形态的认同在现实生活中就表现为对社会主义核心价值观的认同与践行。在自媒体平台中,价值判断经常会出现是非模糊的"灰色地带",而这正是滋生不良思潮的主要地带,当社会热点事件出现时,他们打着不偏不倚的幌子,实际上给我国主流价值观念造成混乱,伺机动摇我国主流意识形态的根基。必须增强价值认同,以社会主义核心价值观这个"最大公约数"作为我们共同追求的价值目标。

二、引导高校思政课教师实现教书和育人相统一

"当今世界的综合国力竞争,说到底是人才竞争,人才越来越成为推动经济社会发展的战略性资源,教育的基础性、先导性、全局性地位和作用更加凸显。"①中华民族伟大复兴的中国梦归根结底还是要靠人才,靠教育。邓小平同志曾经指出:"一个学校能不能为社会主义建设培养合格的人才,培养德智体全面发展、有社会主义觉悟的有文化的劳动者,关键在教师。"教师的重要性体现在教师的日常工作中,即塑造灵魂、塑造生命和塑造人。民族繁荣、民族复兴和国家教育的发展需要高校培养一支具有职业道德,富有职业精神和敬业精神,师资力量雄厚,结构合理,且充满活力的高素质专业化教师队伍。

---

① 习近平:《做党和人民满意的好老师——同北京师范大学师生代表座谈时的讲话》,《现代特殊教育》2014 年第 9 期,第 2-5 页。

陶行知先生说,教师是"千教万教,教人求真";学生是"千学万学,学做真人"。一个好的教师,要有坚定的理想信念。习近平总书记指出:"我们的教育是为人民服务、为中国特色社会主义服务、为改革开放和社会主义现代化建设服务的,党和人民需要培养的是社会主义事业建设者和接班人。"①教师的人格力量和人格魅力是成功教育的重要条件。"师者,人之模范也",一个好的教师应该是道德上的合格者,应该是以德施教、以德立身的模范。师德教育需要培养,更需要教师的自我修养,教师应带头弘扬社会主义道德和中华传统美德,并以自己的言行举止影响、带动和引导学生。习近平总书记强调:"教师是人类灵魂的工程师,承担着神圣使命。传道者自己首先要明道、信道。高校教师要坚持教育者先受教育,努力成为先进思想文化的传播者、党执政的坚定支持者,更好担起学生健康成长指导者和引路人的责任。要加强师德师风建设,坚持教书和育人相统一,坚持言传和身教相统一,坚持潜心问道和关注社会相统一,坚持学术自由和学术规范相统一,引导广大教师以德立身、以德立学、以德施教。"

三、加强各级党委对高校意识形态建设的主体责任

党对高校意识形态建设工作的领导直接影响着大学生社会主义意识形态教育的实际效果。高校是文化交流的枢纽和桥梁,是思想比较活跃的地方,也是意识形态工作的前沿阵地。高校要做好意识形态工作,就必须牢牢把握住意识形态建设的主导权。

自媒体作为信息网络的一种技术终端,技术手段工具,存在一定的意识形态属性和功能。西方不少媒体利用互联网不断地渗透资本主义意识形态,对我国大学生造成一定程度的影响。因此,高校的各级领导、思想政治教育工作者,要具有坚定的社会主义政治素养,要具有政治敏感性、政治辨

---

① 习近平:《做党和人民满意的好老师——同北京师范大学师生代表座谈时的讲话》,《现代特殊教育》2014 年第 9 期,第 2-5 页。

别力,能够对网络中的各种错误思潮有强大的洞察力,只有这样才能引导校园网络中的舆论走向。高校要重视网上马克思主义理论阵地建设,要不断改进网上舆论引导的方式方法,做好意识形态的引导工作,这样才能在意识形态领域取得主动权。高校意识形态工作者应该主动学习掌握新的科学技术,运用好新的媒体技术,将意识形态工作通过新的移动终端技术进行创新性传播,使其更加符合广大师生的阅读口味,使马克思主义意识形态教育更加生动化具体化,以更加趣味性的形式传递给广大师生。

高校要通过新的媒体平台加强对舆情的引导,高校必须坚持党的领导、坚持中国特色社会主义道路、坚持培育和践行社会主义核心价值观,将线上线下统一起来并有效整合,提高高校社会主义意识形态工作的有效性。

结　语

　　自媒体依托互联网的飞速普及逐渐走进大学生的日常生活,成为他们生活、学习不可或缺的一部分,也成为高校意识形态建设绕不开的环境因素和时代特征。高校意识形态建设是一项复杂的系统工程,基于自媒体环境高校意识形态建设要坚持"因势而新、因时而进、因事而化"的基本原则。

　　基于"因势而新",本书力求厘清自媒体环境对我国高校意识形态建设带来的积极影响与消极影响,强调自媒体的产生与发展是当前全球技术革命的必然趋势,自媒体具有自主性强、他控性弱,实效性强、真实性弱,开放性强、价值性弱,操作性强、兼容性弱的基本特征,这些特征直接决定了自媒体的即时通信属性、娱乐属性、信息传播属性和舆论监督属性。同时,自媒体作为当前高校学生使用最为广泛的传播媒介,具有很多与高校意识形态建设相适应的功能,如信息资源库功能、政治参与功能、社会动员功能。自媒体犹如一把双刃剑,如果利用得好则有助于高校意识形态建设内容丰富深化、建设渠道拓展创新、建设环境协同优化、建设队伍能力提升;如果利用得不好则会出现冲击原有建设内容的主导地位、分散原有建设渠道的集中优势、弱化建设环境的防范能力、降低建设队伍的领导权威等方面的问题。如何利用优势化解风险与挑战,使自媒体成为高校意识形态建设的有益助力,是本书要解决的首要问题。

　　基于"因时而进",本书通过调查问卷与个体访谈实现对自媒体环境下我国高校意识形态建设现状的把握,对当前高校意识形态建设工作所取得的成绩与存在的问题进行总结,并对问题成因进行深入分析。本书从我国高校意识形态建设的建设内容、建设渠道、建设环境、建设队伍等方面进行考察，不难看出近年来通过各高校的不懈努力，高校意识形态建设内容不断充实、建设渠道不断拓展、建设环境不断稳定、建设队伍不断完善。由于社会急剧转型、全球化观点交锋不断加剧、高校教师队伍能力提升不足、高校配套措施难以配合等问题的影响，当前我国高校意识形态建设依然存在建设内容时代性滞后、建设渠道利用率不高、建设环境保护机制落后、建设队伍专业能力不足等方面的问题。

基于"因事而化"，本书在明确积极影响与消极影响、归纳现状与成因的基础上，趋利避害提出了"目标—原则—内容—渠道—环境—队伍"六位一体的高校意识形态建设的实践路径。自媒体环境下我国高校意识形态建设的工作目标要求明确党对高校意识形态建设的领导权、掌握党对高校意识形态建设的话语权、实现党对高校意识形态建设的管理权。自媒体环境下我国高校意识形态建设原则强调掌握意识形态工作领导权与借鉴先进经验相结合、注重意识形态教育的内容为本与形式创新相结合、注重意识形态传统建设方法与自媒体使用相结合。自媒体环境下我国高校意识形态建设内容中重点突出巩固马克思主义在意识形态领域的指导地位、以社会主义核心价值观统领高校意识形态建设、用中华优秀传统文化滋养高校意识形态建设。在自媒体环境下我国高校意识形态建设渠道方面要发挥高校思想政治理论课的主渠道作用、坚持高校意识形态建设线上线下双轨并行、推进高校思政课在自媒体平台的推广传播、积极打造运营高校主流自媒体品牌。我国高校意识形态建设环境在自媒体条件下应从培育爱党爱国的优良校风学风，净化自媒体空间网络杂声，营造风清气正的校园虚拟环境着手。高校意识形态建设队伍在自媒体条件下应侧重强化高校意识形态建设队伍"三重认同"，引导高校思政课教师实现教书和育人相统一，加强党对高校意识形态建设的主动权。多措并举，统筹推进，方能为丰富和完善我国意识形态建设的理论体系，促进我国高校意识形态建设现代化、科学化，提高我国高校意识形态建设的实效性提供理论依据与学理支撑。

随着自媒体技术的不断更新换代,以及"00后"逐渐成为青年大学生主力军,高校意识形态建设也面临着新的机遇与挑战,因此对本书的研究还将有着更为广阔的发展空间。以本书为基础展望未来,对自媒体环境下高校意识形态建设的研究还应围绕基础理论建设、时代特征分析以及研究方法拓展等方面进一步深化。

首先,要进一步加强意识形态建设基础理论研究。基础理论研究是根本,在接下来的研究中,笔者将继续梳理中外学界关于意识形态建设的学术发展史,从历史与现实相结合的研究视角,系统考察其中的关键性问题。特别是着眼于高校意识形态建设的理论渊源、发展规律、时代特征等,深刻把握自媒体技术日新月异、我国高校意识形态建设不断完善的发展现状,从理论与现实相结合的研究视角不断拓宽马克思主义意识形态建设理论研究的力度、广度和深度。

其次,要进一步结合自媒体发展带来的新特征与新变化。自媒体会随着互联网技术的革新而不断发展,作为高校意识形态建设的重要渠道和载体,我们要时刻关注自媒体平台的新变化和新特点,不断加强平台建设的时代性,持续吸引着青年学子的目光。这就要求我们一方面要在微博、微信、抖音等流行自媒体平台中站稳脚跟,争取到更多学生的关注和认同;另一方面要提升运用云计算、大数据、区块链等技术手段的能力,在自媒体的发展趋势中不落下风。在充分掌握自媒体发展的新特征、新变化后,才能不断加强对自媒体平台的管控力、在自媒体平台中保障主流意识形态安全的防御力,以及虚拟世界意识形态阵地的治理力,这也是将要进一步研究的重点所在。

最后,要进一步探讨自媒体环境下高校意识形态建设的实践路径。要促进高校形成自媒体环境下意识形态建设的持续性与长效性机制,关键在于创新建设内容。秉持"内容为王"的基本原则,增强高校意识形态建设内容的实效性、亲和力与针对性。以习近平新时代中国特色社会主义思想为指导,贴合时代热点与学生们的现实困惑,组织发掘更多适合自媒体传播的理论产品;以弘扬社会主义核心价值观为中心,针对自媒体中的错误思潮展开批判论战;以繁荣校园文化为目的,在自媒体平台中创造更多蕴含中华优秀传统文化、红色文化的网络文化产品。同时,对于自媒体环境下高校意识形态建设现状的探索,在接下来的实证研究中要引入更为多样的分析方法与技术,力求结果更加具体可靠。除自媒体环境之外,"00后"逐渐成为大学生的主力军,他们作为在移动互联网环境下成长起来的一代,对自媒体有着天然的信任与依赖。针对"00后"群体高校意识形态建设的对策与路径探究,将成为一个崭新的课题。

参考文献

［1］马克思恩格斯文集(第1-10卷)［M］.北京:人民出版社,2009.

［2］决胜全面建成小康社会 夺取新时代中国特色社会主义伟大胜利:在中国共产党第十九次全国代表大会上的报告［M］.北京:人民出版社,2017.

［3］高举中国特色社会主义伟大旗帜 为全面建设社会主义现代化国家而团结奋斗:在中国共产党第二十次全国代表大会上的报告［M］.北京:人民出版社,2022.

［4］十六大以来重要文献选编(上、中、下)［M］.北京:中央文献出版社,2011.

［5］十七大以来重要文献选编(上、中、下)［M］.北京:中央文献出版社,2014.

［6］十八大以来重要文献选编(上、中、下)［M］.北京:中央文献出版社,2018.

［7］十九大以来重要文献选编(上、中、下)［M］.北京:中央文献出版社,2023.

［8］二十大以来重要文献选编(上)［M］.北京:中央文献出版社,2024.

［9］马克思恩格斯选集(第1-4卷)［M］.北京:人民出版社,1995.

［10］列宁专题文集(第1-4卷)［M］.北京:人民出版社,2009.

［11］毛泽东选集(第1-4卷)［M］.北京:人民出版社,1991.

［12］邓小平文选(第1-3卷)［M］.北京:人民出版社,1993.

[13]江泽民文选(第1~3卷)[M].北京:人民出版社,2006.

[14]习近平谈治国理政[M].北京:外文出版社,2014.

[15]习近平谈治国理政(第二卷)[M].北京:外文出版社,2017.

[16]习近平谈治国理政(第三卷)[M].北京:外文出版社,2020.

[17]习近平谈治国理政(第四卷)[M].北京:外文出版社,2022.

[18]哈贝马斯.作为"意识形态"的技术与科学[M].李黎,郭官义,译.上海:学林出版社,1999.

[19]马丁,舒曼.全球化陷阱:对民主和福利的进攻[M].张世鹏,等译.北京:中央编译出版社,2001.

[20]曼海姆.意识形态与乌托邦[M].艾彦,译.北京:华夏出版社,2001.

[21]柯尔施.马克思主义和哲学[M].王南湜,荣新海,译.重庆:重庆出版社,1989.

[22]阿尔都塞.保卫马克思[M].顾良,译.北京:商务印书馆,1984.

[23]尼葛洛庞帝.数字化生存[M].胡泳,范海燕,译.海口:海南出版社,1997.

[24]施拉姆,波特.传播学概论(第二版)[M].何道宽,译.北京:中国人民大学出版社,2010.

[25]汤普森.意识形态与现代文化[M].高铦,等译.南京:译林出版社,2005.

[26]托夫勒.权力的转移[M].吴迎春,等译.北京:中信出版社,2006.

[27]弗里德曼.世界是平的[M].何帆,肖莹莹,郝正非,译.长沙:湖南科学技术出版社,2006.

[28]舍恩伯格,库克耶.大数据时代[M].盛杨燕,周涛,译.杭州:浙江人民出版社,2013.

[29]曼海姆.意识形态和乌托邦:知识社会学引论[M].霍桂桓,译.北京:中国人民大学出版社,2013.

[30]卡斯特.网络社会的崛起[M].夏铸九,等译.北京:社会科学文献出版

社,2006.

[31]赫尔曼,麦克切斯尼.全球媒体:全球资本主义的新传教士[M].甄春亮,等译.天津:天津人民出版社,2001.

[32]卡斯特.网络星河:对互联网、商业和社会的反思[M].郑波,武炜,译.北京:社会科学文献出版社,2007.

[33]麦克里兰.意识形态[M].孔兆政,蒋龙翔,译.长春:吉林人民出版社,2005.

[34]敖带芽.社会主义意识形态建设:热问题与冷思考[M].北京:人民出版社,2011.

[35]包冉,白羽,韩彪.新媒体:从被时代到我时代[M].北京:中国传媒大学出版社,2010.

[36]陈锡喜.意识形态:当代中国的理论和实践[M].北京:中国人民大学出版社,2018.

[37]冯刚.新形势下意识形态相关问题研究[M].北京:光明日报出版社,2014.

[38]季海菊.新媒体时代高校思想政治教育的解构与重塑[M].南京:东南大学出版社,2014.

[39]季明.核心价值观概论[M].北京:人民日报出版社,2013.

[40]蒋广学,等.全环境育人理念的探索实践与网络思想政治教育的时代创新[M].北京:北京大学出版社,2016.

[41]张春波.新媒体与旧秩序:You Tube上的中国形象[M].北京:世界知识出版社,2014.

[42]鲍善冰,庞娟.主体间性理论对高校人才培养的价值探究[J].山西大学学报(哲学社会科学版),2016,39(4).

[43]才华,董兴杰.我国意识形态机构建设研究的回顾与反思[J].河北大学学报(哲学社会科学版),2012,37(1).

[44]陈国栋.社会主义意识形态的理论创新[J].吉林师范大学学报(人文社

会科学版),2010(3).

[45]陈琦.自媒体时代我国公民新闻的建构[J].新闻界,2014(3).

[46]陈曙光.改革开放以来中国特色社会主义理论创新的辩证法[J].马克思主义研究,2009(1).

[47]陈喻,徐君康.自媒体时代网络谣言传播探析[J].新闻界,2013(15).

[48]陈志勇.自媒体环境下高校社会主义意识形态话语体系建构[J].思想理论教育导刊,2019(12).

[49]程单剑.论主流意识形态传播模式的演进:从5W模式到"+"系统论模式[J].商业时代,2013(6).

[50]程洪宝.执政党意识形态建构的基本逻辑[J].山西师大学报(社会科学版),2014,41(3).

[51]程同顺,张文君.互联网技术的政治属性与意识形态传播:对互联网与意识形态研究的批判与反思[J].江苏行政学院学报,2013(6).

[52]代玉梅.自媒体的传播学解读[J].新闻与传播研究,2011(5).

[53]丁凯,宋林泽.自媒体视域下的高校宣传教育网络建设[J].教育研究,2015(4).

[54]杜旭宇,程洪宝.执政党意识形态建构研究述评[J].武警学院学报,2014,30(3).

[55]方德芬.互联网时代我国文化安全面临的挑战和对策[J].大众文艺,2011(14).

[56]高桂云,王兆瑞.新媒体环境下马克思主义意识形态主流地位的维护[J].中共云南省委党校学报,2012,13(2).

[57]高桂云,王兆瑞.新媒体环境下马克思主义意识形态的"边缘化"及对策研究[J].石河子大学学报(哲学社会科学版),2012,26(3).

[58]高立平.意识形态的策略与意识形态认同[J].求索,2006(10).

[59]公方彬.构建以新政治观为核心的中国话语体系[J].学术前沿,2012(9).

[60]龚世星.新媒体时代下的当代中国马克思主义大众化[J].河海大学学报(哲学社会科学版),2011,13(1).

[61]古江波.浅谈毛泽东的理论创新思想:兼论中国特色社会主义理论创新的态度和方法问题[J].湖北广播电视大学学报,2011,31(4).

[62]顾晓静,王苑.自媒体环境下巩固马克思主义在高校意识形态领域的指导地位[J].华北水利水电大学学报(社会科学版),2014,30(2).

[63]关丽兰.新时期国家意识形态传播策略[J].人民论坛,2011(32).

[64]郭国祥.中国共产党执政意识形态创新的几点思考[J].社会主义研究,2011(4).

[65]郭建宁.打造与中国道路相适应的话语体系[J].学术前沿,2012(11).

[66]郭明飞.互联网时代我国意识形态工作面临的挑战与对策[J].党政干部论坛,2010(1).

[67]郭宵.新媒体:马克思主义大众化新发展的重要载体[J].湖北经济学院学报(人文社会科学版),2014,11(12).

[68]国万忠,史育华.文化的网络与网络的文化:基于互联网平台新兴媒体的文化诉求与意识形态建构[J].高等农业教育,2014(2).

[69]何国平.微传播带来的机遇与挑战[J].思想政治工作研究,2010(4).

[70]何家旭.自媒体时代下主流意识形态传播的挑战与机遇[J].东方企业文化,2015(9).

[71]侯惠勤.弱化与强化:意识形态的当代走向与马克思主义的话语权:论邓小平理论和"三个代表"重要思想的一大理论创新[J].毛泽东邓小平理论研究,2004(6).

[72]侯惠勤.中国共产党在意识形态建设理论上的创新[J].新视野,2010(2).

[73]胡银银.近年来国内意识形态话语权研究回顾与述评[J].武汉科技大学学报(社会科学版),2013,15(6).

[74]黄丹.牢牢掌握新媒体时代马克思主义意识形态话语权[J].军队政工理论研究,2012,13(1).

[75]杜凤娇,袁静.理论创新的最大难点是直面现实:访国防大学马克思主义研究所原所长、少将黄宏教授[J].人民论坛,2012(24).

[76]黄世虎.社会主义意识形态传播的有效性分析[J].政工研究动态,2009(1).

[77]贾建芳.中国特色社会主义理论创新的内涵和方法[J].中国党政干部论坛,2003(8).

[78]靖鸣,张朋华.自媒体时代"拟态环境"的重构及其对大众传播理论的影响[J].现代传播(中国传媒大学学报),2019(8).

[79]雷涛.自媒体的特点及其影响分析[J].新闻战线,2016(12).

[80]李朝祥.转型期我国国家意识形态建构的基本维度[J].社会科学家,2014(9).

[81]李春茹,龚锦涛.论新时代高校意识形态主导权的构建策略:以自媒体网络传播为视角[J].重庆工商大学学报(社会科学版),2019,36(5).

[82]李国亮.对新媒体视野下马克思主义意识形态教育的思考[J].山西师大学报(社会科学版),2013,40(S4).

[83]李海,范树成.论我国主流意识形态传播新机制的建构[J].求实,2014(7).

[84]李骏.论我国新媒体舆论监督的兴起与改进措施[J].浙江树人大学学报,2011,11(4).

[85]李炎芳,郭明飞,杨磊.微时代的意识形态认同危机及其治理[J].江西社会科学,2014(6).

[86]李玉环.略论意识形态认同[J].学理论,2012(1).

[87]李臻.马克思主义意识形态在新媒体的解读[J].理论观察,2013(11).

[88]李忠杰.不断提高中国话语体系的科学化水平[J].思想政治工作研究,2013(4).

[89]刘可.舆论导向与新媒体的挑战[J].科学·经济·社会,2013,31(4).

[90]刘瑞生.新媒体传播转型视阈下的意识形态建构[J].苏州大学学报,2011(6).

[91]罗会德.中国特色社会主义话语体系的当代建构[J].中共天津市委党

校学报,2013(5).

[92]骆郁廷,史姗姗.论意识形态安全视域下的文化话语权[J].思想理论教育导刊,2014(4).

[93]吕治国.略论新媒体环境下马克思主义大众化的传播路径[J].思想理论教育导刊,2011(9).

[94]梅荣政.构建马克思主义理论研究学术话语体系简论[J].学校党建与思想教育,2013(6).

[95]梅荣政.理论界和学术界面临的重大而紧迫的时代课题:论打造具有中国特色的学术话语体系[J].学习与实践,2012(10).

[96]聂立清,张燕.我国当代主流意识形态认同的实现机制探析[J].领导科学,2012(11).

[97]聂立清.我国主流意识形态认同的策略定位[J].河南师范大学学报(哲学社会科学版),2010,37(5).

[98]聂立清.资本主义意识形态认同与控制策略[J].思想教育研究,2010(8).

[99]聂智,方提.论自媒体时代大学生主流意识形态教育面临的挑战与创新[J].思想理论教育导刊,2016(9).

[100]庞娟,鲍善冰.习近平关于思想政治工作的重要论述探析:新时代思想政治教育工作的挑战、内容和价值[J].经济社会体制比较,2019(4).

[101]孙蓓蓓.自媒体时代高校主流意识形态话语权建设研究[J].教育教学论坛,2020(48).

[102]陈丽荣.自媒体时代大学生社会主义意识形态认同研究[D].长沙:湖南师范大学,2019.

[103]陈旻.媒体格局变化条件下思想舆论引导研究[D].北京:中国矿业大学(北京),2016.

[104]丁贞栋.新媒体融入高校马克思主义理论教育研究[D].北京:中央财经大学,2019.

[105]李长斗.互联网发展新态势下我国社会主义意识形态建设研究[D].

石家庄:河北师范大学,2019.

[106]李志.新媒体视角下高校宣传思想工作研究[D].南昌:南昌大学,2020.

[107]梁广霞.自媒体视域下高校主流意识形态话语权建设研究[D].北京:北京交通大学,2017.

[108]庞娟.新媒体时代大学生思想政治教育创新研究[D].太原:山西大学,2019.